꼬불꼬불나라의
지리이야기

에듀텔링 005

꼬불꼬불나라의 지리이야기

초판 1쇄 인쇄 | 2015년 2월 17일
초판 7쇄 발행 | 2022년 2월 10일

지은이 | 서해경
그린이 | 김용길
펴낸이 | 나힘찬

기획총괄 | 김영주
디자인총괄 | 고문화
사진출처 | 국토교통부 공간정보 오픈플랫폼 브이월드, 국토교통부, 시화호관리위원회
인쇄총괄 | 야진북스
유통총괄 | 북패스

펴낸곳 | 풀빛미디어
등록 | 1998년 1월 12일 제2021-000055호
주소 | 경기도 고양시 일산동구 정발산로 166번길 21-9
전화 | 031-903-0210
팩스 | 02-6455-2026

이메일 | sightman@naver.com
인스타그램 | @pulbitmedia_books
블로그 | blog.naver.com/pulbitme
페이스북 | www.facebook.com/pulbitmedia

ISBN 978-89-6734-009-4 74300
ISBN 978-89-88135-74-7 (세트)

저작권법에 따라 보호받는 저작물이므로 무단 전재와 복제를 금합니다.
책값은 뒤표지에 있습니다.
파본은 구매하신 서점에서 바꾸어 드립니다.

─ 어린이제품 안전특별법에 의한 기타표시사항 ─
제품명 도서 | 제조자명 풀빛미디어 | 제조년월 2022년 2월 | 사용연령 8세 이상 | 제조국명 한국
주소 (10411) 경기도 고양시 일산동구 정발산로 166번길 21-9 | 전화번호 031-903-0210

꼬불꼬불나라의
지리이야기

서해경 글 | 정우열 그림

머리말

'행복의 꽃'을 찾아서 출발!

어느 먼 곳에 꼬불꼬불나라가 있었어요. 팔자수염을 멋있게 기른 수염왕이 다스리는 나라지요. 그런데 수염왕은 제멋대로 나라를 다스리다, 국민에게 쫓겨나고 말았어요. 그 뒤, 수염왕은 많은 일을 겪었어요. 꼬불꼬불면을 만들어 팔아서 큰 부자가 되고, 또 법을 어겨서 벌도 받았어요. 무지개 복지관에서는 개구쟁이 친구들과 함께 지내면서 다른 사람에게 '관심'을 가지면 행복해진다는 것을 알게 되었지요. 또 온난화 여사와 꼬불꼬불나라의 환경을 지키기 위해 동분서주했고요. 수염왕은 조금씩 다른 사람과 함께 사는 법을 배워가고 있답니다.

그런데 요즘 수염왕이 우울하다고 해요. 화려하고 큰 집에서, 맛난 음식에 좋은 옷을 입고 살고 부하 직원도 엄청나게 많은데 말이에요. 우울할 때마다 수염왕은 가족 같은 개, 세바스찬과 함께

집 근처 공원을 산책해요.

그러던 어느 날 공원에서 무척 행복해 보이는 할머니를 만났어요. 그 할머니는 행복의 꽃을 찾은 다음부터 아주 행복해졌다고 말했어요. 그 말을 듣고 가만히 있을 수염왕이 아니지요. 수염왕은 당장, 행복의 꽃을 찾아 떠났어요.

행복해지고 싶어서 행복의 꽃을 찾으려는 거였는데, 그 과정은 고생스럽기만 했어요. '지리'를 모르니까요. 지도를 볼 줄 모르니 자기가 어디에 있는지 모르고, 어디로 가야 하는지도 몰랐어요. 산지 지형인 대장간마을을 찾아 하늘산을 헤매고, 산에 둘러싸인 분지 지형인 똘똘이마을에서는 엉터리 지도 때문에 힘들었지요. 한때는 자기가 다스렸던 꼬불꼬불나라인데도 자기 나라의 지리가 어떤지 몰랐던 거예요. 하지만 탐험을 하며 수염왕은 조금씩

'지리'를 배우고 알게 돼요. 그리고 산, 강, 바다, 도시, 섬처럼 사는 곳이 다르면 그곳에 사는 사람들의 생활 모습도 달라진다는 것을 알게 되지요.

여행하며 수염왕은 다양한 사람을 만나고 많은 일을 경험해요. 홍수마을에서는 얼떨결에 자원봉사자가 되어 흙을 담은 자루를 쌓고, 논에 고인 물을 빼야 했어요. 삼각마을에서는 막무가내 어르신을 만나 농사일까지 도와야 했지요.

수염왕은 몰랐지만, 수염왕이 탐험한 여정은 물길과 같았어요. 대장간마을의 깊은 산에서 솟아나온 샘물은 흘러흘러 용나는개천이 되고, 다시 물넘쳐강으로 이어져요. 물넘쳐강은 계속 흘러 바다로 흐르지요. 수염왕의 탐험도 바다로 향하고 있었어요. 드디어 수염왕은 꼬불꼬불나라의 끝, 기적마을(해안마을과 섬마을)까지 이르

렀어요.

　수염왕은 행복의 꽃을 찾을 수 있을까요? 행복의 꽃은 어떤 꽃일까요? 정말 행복의 꽃이 있기는 한 걸까요? 자, 지금부터 우리도 수염왕과 함께 행복의 꽃을 찾아 떠나볼까요.

서해경

목차

이 책을 읽는 어린이에게   4
등장인물   10
프롤로그   12

1/ 행복해질 테다!   17
    —지도란?

2/ 행복의 꽃을 찾는 일은 아파!   35
    —지형이란?

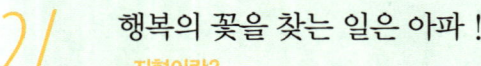

3/ 대장간마을에서 행복의 꽃을 찾을 거야   51
    —산지 지형

4/ 산에 둘러싸인 똘똘이마을   69
    —침식분지

5/ 지도가 필요해! 87
-지도의 기호

6/ 오잉? 지리가 재밌잖아? 103
-지형과 기후, 남반구와 북반구, 시간을 결정하는 선

7/ 홍수마을이라니, 너무 불길해 119
-하천 지형

8/ 내 행복의 꽃은 무엇일까? 133
-퇴적 지형

9/ 오! 행복의 꽃이여! 147
-해안 지형

이것만 알아도 지리 끝 161

등장인물

꼬불꼬불나라

먼 옛날, 또는 가까운 옛날에 있었던 어느 나라. 수염왕은 이 나라의 왕이었다. 국민이 제멋대로 정치하던 수염왕을 내쫓고 이 나라에 큰 변화가 닥쳐온다.

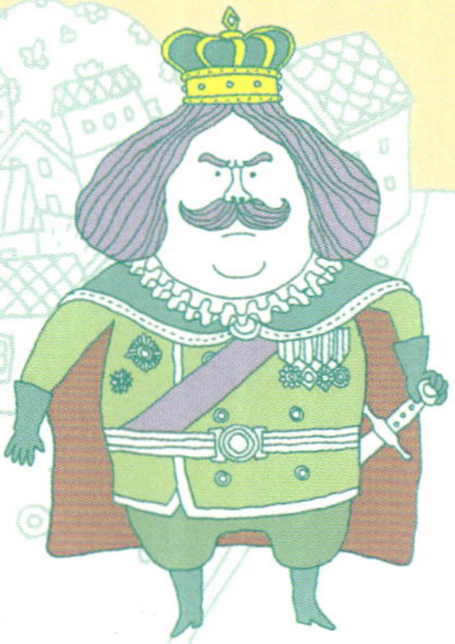

수염왕

꼬불꼬불나라의 마지막 왕. 국민에게 쫓겨났지만, 꼬불꼬불면을 팔아 큰 부자가 되었다. 고집불통에 잘난 척이 심하지만, 속마음은 여리다. 행복의 꽃을 찾아 꼬불꼬불나라를 여행한다.

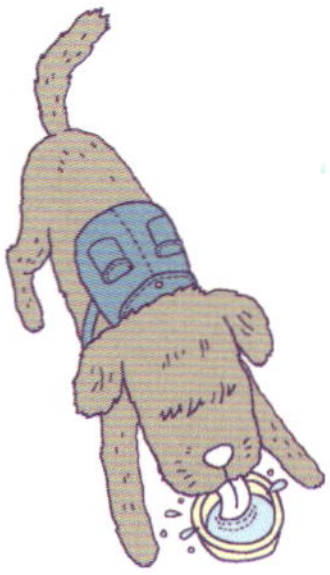

세바스찬

황금성에서 쫓겨난 수염왕과 함께 있던 유일한 친구이자 가족이다. 괴팍한 수염왕이지만 세바스찬에게만은 친절하다.

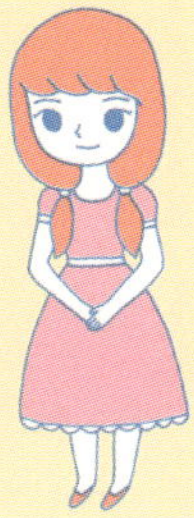

성실해

✽ 수염왕의 비서. 수염왕이 처음 포장마차에서 꼬불꼬불면을 만들어 팔았을 때부터 수염왕과 함께 일했다. 수염왕을 성실하게 돕는다.

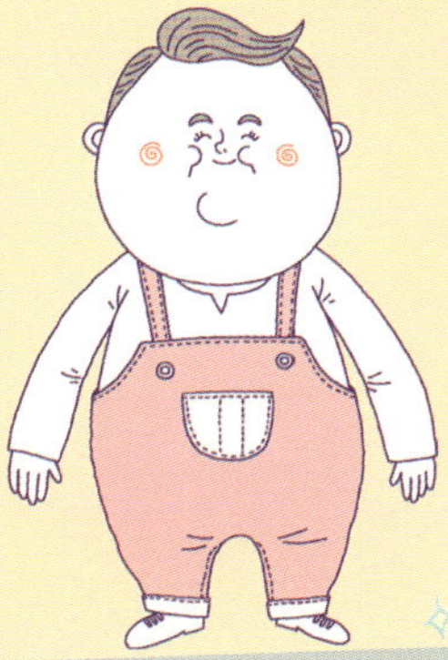

윤미소

✽ 부채꼴마을이 댐을 세우느라 물에 잠기자 고향을 떠났다. 이름도, 목소리도, 말투도 커다란 덩치와 어울리지 않는다.

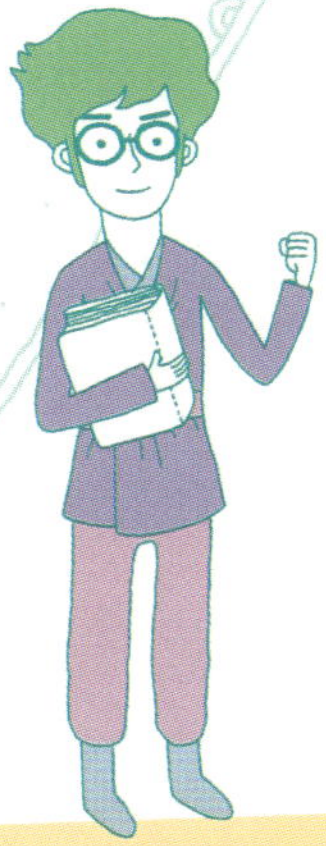

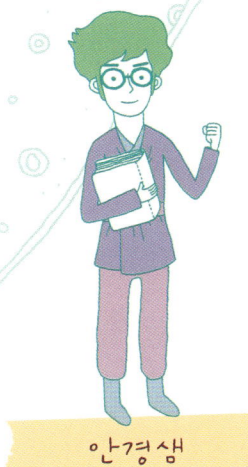

안경샘

✽ 똘똘이마을 대표. 늘 열심히 공부하고, 꼬불꼬불나라가 올바른 민주국가가 되도록 최선을 다하는 정치인.

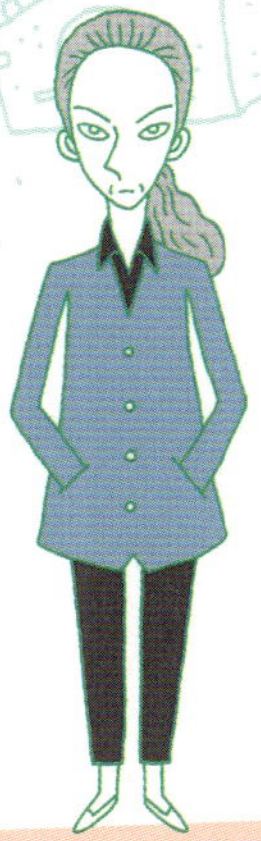

온난화 여사

✽ 성실해의 이모. 환경이 파괴되는 곳, 환경을 보호해야 하는 곳은 어디든지 달려가는 열혈 환경운동가이다. 수염왕이 지는 유일한 사람이다.

프롤로그

오늘도 수염왕은 세바스찬과 함께 공원에 갔어. 향긋한 꽃향기가 시원한 봄바람을 타고 공원 가득 퍼졌어.

"음. 달콤한 향기가 나는구나. 라일락 향기, 아까시 향기."

가슴 깊이 꽃향기를 맡으며 수염왕이 중얼거렸어.

그때였어. 지나가던 아주머니들이 수염왕을 흘겨보았어.

"어머 자기 개가 똥을 쌌는데 모른 척하는 것 좀 봐."

"어휴, 개가 크니 똥도 크네."

수염왕은 세바스찬을 내려다보았어. 세바스찬은 순한 눈으로 수염왕을 보며 꼬리를 살랑살랑 흔들고 있었어. 옆에는 거대한 똥 무더기가 쌓여 있었지.

"웩! 세바스찬, 이 향긋한 공원에서 이 무슨 무례한 짓이냐? 나, 수염왕은 네가 부끄럽구나! 하지만 나 수염왕은 준비를 철저히 하

는 완벽한 사람! 걱정 마라, 내가 다 알아서 하겠노라."

수염왕은 주머니에서 검은 비닐 봉투와 나무젓가락을 꺼냈어. 세바스찬의 똥을 봉투에 담은 뒤 수염왕은 봉투를 든 손을 쭉 뻗어서 몸에서 최대한 멀찍이 들고 주변을 둘러보았어. 쓰레기통이 보이지 않았지.

"쯧쯧. 요즘엔 쓰레기통을 보기 어렵다니까. 그래도 공원 어딘가에 쓰레기통이 있을 텐데."

수염왕은 공원 입구에 세워진 안내도를 꼼꼼하게 봤어. 공원 안내도에 쓰레기통의 위치가 표시되어 있었어.

"오, 쓰레기통이 여기에 있구나. 이 길 끝에서 오른쪽으로 돌아가면 되겠군."

수염왕은 똥 봉투를 들고 쓰레기통을 찾아 걸었어.

똥이 담긴 봉투를 들고 쓰레기통을 찾는 남자가 바로, 오늘 들려줄 이야기의 주인공, 수염왕이야.

수염왕은 꼬불꼬불나라의 왕이었어. 팔(八)자 모양의 수염을 멋지게 기른 왕이지. 하지만 하도 제멋대로 나라를 다스리는 바람에, 국민에게 쫓겨나고 말았어. 그 뒤에 꼬불꼬불나라는 국민이

주인인 민주주의 국가가 되고, 수염왕은 열심히 일해서 식품회사의 사장이 되었어. 그런데 수염왕과 함께 사는 늙은 개, 세바스찬이 원인을 알 수 없는 환경 병에 걸려서 많이 아팠어. 수염왕은 세바스찬이 왜 그런 병에 걸렸는지 원인을 찾아봤어. 온난화 여사와 함께 말이야. 온난화 여사는 세바스찬을 아프게 한 원인을 밝힌 뒤에 환경보호운동을 하러 멀리 떠났어.

온난화 여사가 떠난 뒤, 수염왕은 갑자기 심심해졌어. 짜증도 많아졌지. 영양 만점의 맛있는 음식을 먹어도 맛있는 줄 모르겠고, 아름답고 비싼 옷을 입어도 기분이 좋아지지 않았어. 산더미 같은 재산을 봐도 기쁘지 않았지.

그나마 유일한 위안은 세바스찬과 함께 꽃이 만발한 공원을 산책하는 거였어. 따뜻한 봄 햇살이 비추고 분홍, 노랑, 주홍색의 아름다운 꽃이 핀 공원을 걷다 보면, 울적했던 마음이 조금은 풀렸거든.

참, 이번에 우리가 함께 알아볼 이야기는 '지리'에 관한 거야. 수염왕이 심심한 거랑 '지리'가 무슨 관계가 있느냐고? 그건 지금부터 수염왕의 이야기를 잘 읽다 보면 저절로 알게 될 거야. 그리고 재미없고 외울 것만 잔뜩 있는 '지리'가 꽤 재미있다는 것도 알게 될걸. 자, 그럼 수염왕의 이야기로 다시 돌아가 볼까.

1
행복해질 테다!
-지도란?

　수염왕이 찾은 쓰레기통 근처에는 나무로 만든 긴 의자가 있었어. 할머니 한 분이 앉아 있었지.

　"안녕하세요. 요즘 공원에 자주 오시네요."

　할머니가 수염왕에게 말을 걸었어.

　"누구세요? 저는 모르는 사람하고는 말 안 합니다."

　수염왕이 무뚝뚝하게 말했어.

　그러자 할머니가 웃으며 수염왕에게 말했어.

　"호호호, 저를 모르세요? 저는 아저씨를 잘 아는데요."

　수염왕은 의심이 가득한 눈으로 할머니를 훑어보았어. 할머니는 포근한 가디건에 개나리색 고운 원피스를 입고 있었어. 반짝반짝 빛나는 눈빛과 환한 미소를 머금은 얼굴은 아주 행복해 보였지.

"이 아름다운 공원에 화난 표정으로 오는 사람은 아저씨밖에 없거든요. 뭔가 슬픈 일이 있으시죠?"

"슬픈 일은 무슨……. 전 아주 행복합니다. 부하 직원도 많고 돈도 많아요. 매일 맛있는 음식을 먹고 따뜻하고 편한 큰 집에서 산다고요. 저는 실없이 웃고 다니는 바보가 아니에요. 그리고 그 무엇보다 할머니의 말씀 중에 틀린 말은, 저는 절대 '아저씨'가 아니라는 겁니다. 수염왕 사장님이라고요."

수염왕이 큰 소리로 말했어.

'내가 슬플 일이 뭐가 있어? 말도 안 되는 소리지.'

수염왕은 할머니의 말을 듣자니 화가 났어. 사실은 할머니에게 속마음을 들킨 것 같아서 당황한 거야.

"호호호. 잘 알겠습니다, 수염왕 사장님. 나는 그저, 내가 예전엔 슬펐지만, 행복의 꽃을 찾은 뒤부터는 매일 행복하다는 것을 말하고 싶었을 뿐이에요."

"행, 행복의 꽃이오?"

수염왕이 의심이 가득 든 목소리로 물었어.

할머니는 수염왕의 딱딱한 태도에는 아랑곳하지 않고, 여전히 행복에 겨운 표정으로 대답했어.

"네, 행복의 꽃이오. 꽃을 발견한 사람을 아주 행복하게 만들어 준다는 꽃이 있잖아요. 설마 그 꽃을 모르시는 것은 아니겠지요?"

"그, 그럴 리가요. 압니다, 아주 잘 알지요."

곰곰이 생각해 보니, 수염왕이 어린 왕자였을 때, 아버지 붉은 수염왕이 신하들에게 행복의 꽃을 찾아오라는 명령을 내린 기억이 났어.

'호~ 그 행복의 꽃이 진짜 있다는 거야? 좋았어, 그런 귀한 꽃은 당연히 내가 가져야지.'

"할머니는 행복의 꽃을 어디에서 발견하셨습니까?"

수염왕은 별로 관심이 없는 척하며, 슬쩍 물었어.

"고향에 있는 큰 산에서 발견했답니다."

'오호! 큰 산이라. 그래, 그렇겠지. 그런 귀한 꽃은 큰 산 깊은 곳에 숨어서 자라겠지. 그 꽃을 찾자. 이런 평범한 할머니도 찾은 꽃인데 내가 못 찾을 리 없어.'

수염왕은 결심했어.

공원에서 돌아온 뒤, 수염왕은 행복의 꽃을 찾을 기대에 부풀었어.

꼬불꼬불나라 전도

1:1,000,000
0　　　10km

고추마을
마늘산
사냥마을
조각배마을
신강
단풍마을
아금강
주먹마을
수영마을
초록마을
소금마을
삼각마을
기적마을
도착
울넘처강
해안마을
삼각마을
큰곰마을
밤섬마을

'나야말로 행복을 주는 꽃에 딱 어울리는 위대한 사람이지. 좋아, 그 꽃을 찾아서 반드시 행복해지고 말 테다.'

"그래, 당장 떠나자! 세바스찬, 너도 데리고 가마. 으하하."

수염왕은 당장에라도 행복의 꽃을 찾을 것처럼 흥분해서 큰 소리로 외쳤어.

"탐사하려면 뭐가 필요할까?"

수염왕은 필요한 물건을 수첩에 꼼꼼하게 적었어. 식량, 이불, 옷, 그릇, 수건, 칫솔과 치약, 비누, 손전등, 우비, 시계, 등산화, 가장 중요한 비상금…….

"어디 보자, 뭐 빠진 것은 없나? 이 정도면 충분하겠지?"

물품 목록에 적은 '비상금'에 별표 2개를 그리며 수염왕이 중얼거렸어.

컹컹.

수염왕 발치에서 배를 깔고 누워있던 세바스찬이 수염왕을 보며 짖었어.

"아차차. 네가 쓸 물품도 잊지 말아야지. 음, 네가 먹을 냠냠 사료, 냠냠 밥그릇, 네가 잘 집, 또…… 음…… 없구나! 호? 너는 참 단순하게 사는구나, 세바스찬. 좋은 생활 습관이다."

수염왕은 세바스찬의 머리를 쓱쓱 쓰다듬었어.

"그런데 어디부터 탐사하지?"

수염왕은 손가락 끝으로 팔자수염을 빙글빙글 꼬며 말했어.

수염왕이 사는 꼬불꼬불나라는 34개의 마을로 이루어져 있어. 수염왕은 산지 지형인 대장간마을부터 찾아보기로 했지.

'행복의 꽃은 어떻게 생겼을까? 무슨 색깔일까? 행복을 주는 소중한 꽃이니 분명 크고 아름답겠지. 향기도 좋을 거야. 내가 행복의 꽃을 발견하면 어떻게 될까? 다시 왕이 될 수 있을까? 아냐, 그건 이제 싫어. 그럼, 내 왕수염 회사가 아주 크게 성장하고 돈을 많이 벌게 될까? 아냐 아냐. 그 정도로는 부족해. 크크크. 행복의 꽃은 내가 상상할 수 없을 만큼 나를 엄청나게 행복하게 만들어 줄 거야, 분명히!'

수염왕은 행복의 꽃을 발견하는 상상을 했어. 정말 행복의 꽃은 어떤 꽃일까?

"자, 차에 타거라."

수염왕이 세바스찬을 봉봉차에 태웠어. 수염왕은 꼬불꼬불나라의 전국을 다니며 행복의 꽃을 찾을 거야. 그래서 편하고 안전하

게 여행할 수 있도록 봉봉차를 준비했어. 봉봉차에는 냉장고와 2인용 식탁이 있는 주방과 침대가 놓인 침실, 화장실이 있었어. 세바스찬의 집도 버스 바닥에 단단히 고정했지.

컹컹.

세바스찬이 수염왕을 배웅하러 온 비서, 성실해를 보며 꼬리를 흔들었어. 성실해는 세바스찬에게 무지개 빛깔의 아주 큰 개껌을 선물했어.

"성실해 비서, 나는 이만 떠난다. 내가 없다고 대충대충 일했다간 당장 잘라버릴 테니, 열심히 일하라고."

"네. 그런데 수염왕 사장님, 언제 돌아오실 거예요?"

"글쎄, 나도 모르지. 언제 행복의 꽃을 발견할지 모르니까. 하지만 그 꽃을 발견하기 전에는 절대 안 돌아올 거야. 나, 수염왕은 한다면 하는 의지의 사나이니까 말이야. 크크크."

"이것을 가지고 가세요. 사장님께 도움이 될 거예요."

성실해가 수염왕에게 지도와 나침반을 건넸어.

"이게 뭔가?"

"꼬불꼬불나라를 다 그린 전도와 나침반이에요."

"쯧쯧쯧. 자네는 여전히 눈치가 없구먼. 설마 내가 지도랑 나침반을 몰라서 자네에게 묻겠나? 이것들을 왜 나에게 주는지, 그 이유를 묻는 거잖아."

"죄송해요, 눈치가 없어서. 그런데 지도가 있어야 어디로 갈지, 또 지금 어디에 있는지 알 수 있잖아요. 나침반이 있어야 방향을 찾을 수 있고요."

"그런 것들은 필요 없어."

"그러다 길을 잃으면 어쩌시려고요?"

"엥? 지금 이 수염왕 사장님을 무시하는 건가? 한때는 내가 왕이었는데, 우리 꼬불꼬불나라가 어떻게 생겼는지도 모를까 봐?"

"그럼, 돌려주세요."

"에엥? 치사하게, 줬다가 뺏으려고? 이 지도랑 나침반은 별 쓸모가 없겠지만 이미 나에게 줬으니 내 거야."

수염왕이 지도와 나침반을 품에 넣으며 말했어.

"그리고 말이야, 혹시 온난화 여사에게 연락이 오면 내가 행복의 꽃을 찾아 떠났다고 전해주게. 꽃을 발견하면……. 아니야, 미리 말하면 재수가 없지."

수염왕이 얼굴을 붉혔어.

"네. 이모에게 꼭 전해드릴게요. 건강하게 다녀오세요, 수염왕 사장님. 행복의 꽃을 꼭 찾으시길 바랄게요."

수염왕은 큰길로 봉봉차를 천천히 몰았어.

"좋아, 반드시 행복의 꽃을 찾아서 행복해지고 말 테야."

수염왕은 운전대를 꼭 쥐며 중얼거렸어.

성실해가 수염왕에게 지도와 나침반을 주었어요.
행복의 꽃을 찾는 데 지도와 나침반이 어떤 도움이
될까요?

지도는 우리가 사는 곳이 어떻게 생겼는지 그림으로 보여 주는 거야. 어디에, 무엇이 있는지도 알려 주지. 그런데 넓은 지역의 모습을 원래 크기대로 그릴 수가 없잖아. 그래서 작게 줄여서(축척) 종이에 그려.

성실해가 준 지도로는 행복의 꽃이 어디에 있는지는 정확하게 알 수 없어. 성실해가 준 지도는 꼬불꼬불나라 전체를 종이 1장에 줄여서 그린 지도니까. 산과 강, 바다와 섬, 큰 마을, 관청처럼 크거나 중요한 곳만 표시되어 있지.

그럼 꼬불꼬불나라 전도는 아무 소용도 없을까? 그건 아니야. 앞에서 수염왕이 사는 꼬불꼬불나라는 34개의 마을로 이루어졌다고 했지? 만약 행복의 꽃이 어디 지역에 있다는 것을 알게 되면 그 지역을 찾아가기 위해 지도가 필요할 거야. 행복의 꽃이 있는 곳에 가려면 자기가 있는 곳에서 어느 방향으로 얼마나 가야 하는지 알아야 하니까. 또 행복의 꽃을 찾으러 다닐 때, 자신이 어디 있는지 알 수 있다면 같은 장소에서 헤매지도

않을 거야.

    지도가 있으면, 직접 가보지 않아도 그곳이 어떤 곳인지 대강은 알 수 있어. 그곳에 가려면 강을 건너야 하는지 산을 넘어야 하는지 등도 미리 알 수 있지. 물론 그 지역에 가기 전에, 준비를 제대로 할 수 있으니 시간과 노력도 줄이게 되지.

    그리고 나침반은 방향을 알려 주는 도구야. 나침반 속에 있는 빨간 바늘은 항상 북쪽을 가리켜. 만약 나침반 없이 지도만 있다면, 지도의 어느 쪽이 동서남북을 가리키는지 확인할 수가 없어. 지도 대부분은 위쪽이 북쪽을 가리키는데 만약 내가 동쪽을 보면서 지도를 읽으면 지도의 북쪽이 실제로는 동쪽을 가리키게 될 테니까 말이야. 그래서 정확하게 방향을 알기 위해서는 나침반이 필요해.

지도는 언제부터 사용됐나요?

언제부터 사람이 지도를 사용했는지는 알 수 없어. 현재까지 발견된, 가장 오래된 지도도 정확하게 '이 지도가 최초의 지도이다.'라고 말하기 힘들고. 어떤 사람은 러시아에서 발견된 지도를 최초의 지도라고 말해. 뼛조각에 빗금을 그어서 길을 표시했지.

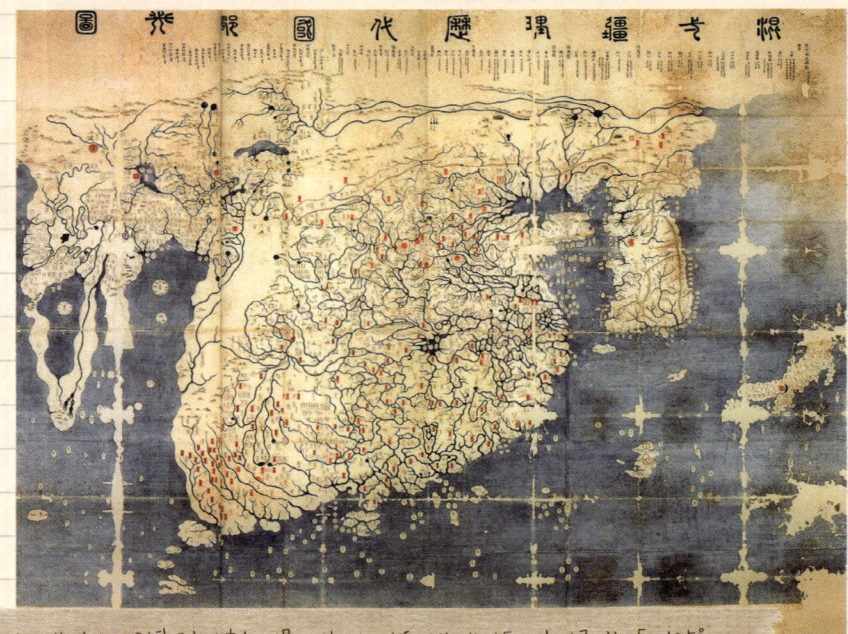

우리나라에서 1402년 김사형, 이무, 이회가 만든 세계지도. 당시로서는 동서양을 막론하고 가장 훌륭한 세계지도라고 평가되고 있다. 혼일강리역대국도지도.

하지만 어떤 사람은 약 4,500년 전에 만들어진 바빌로니아의 점토판 지도를 세계 최초의 지도라고 말하고, 또 어떤 사람은 약 3,300년 전에 고대 이집트에서 사용한 금광 안내지도를 세계 최초의 지도라고 주장하지.

그런데 최초의 지도가 어떤 것이든, 그 지도를 만든 이유는 비슷해. 사람이 사는 데 도움이 되기 위해 땅 위의 모습을 그린 거지. 먹을거리가 많은 곳을 표시하거나 위험한 장소를 표시하고, 어떤 장소를 찾아가는 길을 표시하는 거야. 또 어디까지가 우리 마을이고 내 나라인지도 표시해. 우리 마을, 내 나라가 어떻게 생겼는지도 지도를 보면 알 수 있지.

수염왕의 지리 노트

지도는 어떤 지역의 땅 위에 있는 것을 줄여서 평면에 그린 것이다.
지도는 땅 위의 모습을 일정한 비율로 줄여서 나타낸다.
땅 위의 모습을 있는 그대로 그리지 않고, 기호로 대신 표현한다.

(꼬불꼬불나라의 지도를 보니까 내가 왕이었던 시절이 떠오르네. 이 땅이 다 내 거였는데 말이야.)

2
행복의 꽃을 찾는 일은 아파!
- 지형이란?

덜컹덜컹.

봉봉차가 들썩거리며 앞으로 달렸어. 한 시간 정도 운전하자, 크고 작은 건물들은 사라지고 넓고 평평한 지형이 나타났어. 봉봉차가 지난 길엔 누런 흙먼지가 뭉게뭉게 피어올랐지.

"벌써 우리 마을을 벗어났구나."

수염왕이 세바스찬에게 말했어.

세바스찬은 창문에 코를 내밀고 바깥 공기를 마시고 있어. 처음으로 차를 타는 데다, 차가 흔들려서 세바스찬은 멀미할 것 같았지. 세바스찬은 꼬리를 축 늘어뜨리고 수염왕을 보았어.

"세바스찬, 내가 너를 아주 좋아하는 것은 너도 알 것이다. 하지만 아주 비싼 이 봉봉차에 네가 멀미를 하면 나는 버럭 화를 낼지도 모르겠구나. 그래, 여기서 잠깐 쉬자. 밖에서 맑은 공기를 마

시며 점심도 먹고."

　수염왕은 봉봉차 주방에서 점심으로 먹을 채소 김밥과 따뜻한 보리차를 바구니에 담았어. 세바스찬의 밥그릇에는 사료를 담아서 봉봉차 밖으로 나왔어. 수염왕은 레이스로 장식한 돗자리를 펴고 앉아 채소 김밥을 먹었어.

　수염왕은 주위를 둘러봤어. 듬성듬성 풀이 있었어.

　"이곳은 물이 부족해. 그래서 내가 왕이었을 때, 백성을 위해 우물이라도 만들어 주려고 했었는데……. 그런데도 왕 자리에서 쫓아내더라고."

　수염왕이 뒤꿈치로 모래에 '참말로 멋진 수염왕 2세 왔다 감.'이라고 세기며 말했어. 세바스찬은 수염왕의 이름 옆에 앞발 도장을 꾹 찍었지.

　"우리 꼬불꼬불 나라는 영토는 좁지만, 마을마다 지형이 다 달라. 저곳이 산지 지형인 대장간마을일 거야."

　수염왕이 멀리 보이는 산을 가리켰어.

　"저곳에 가면 행복의 꽃이 있겠지? 서둘러 가면 오늘 중으로 도착할 수 있을 거야. 행복의 꽃아, 기다려라. 이 수염왕이 간다."

　수염왕은 산을 향해 외쳤어.

그때, 무언가 차갑고 축축한 것이 수염왕의 목뒤를 잡았어.

"으악!"

수염왕은 비명을 지르며 자리에 엎드렸어. 그 바람에 손에 들고 있던 도시락통을 떨어뜨려서 김밥이 돗자리 사방으로 날아갔어.

"누, 누구……?"

수염왕은 겁에 질려서 부들부들 떨었어. 그러다 아무런 소리도 들리지 않자, 조심스럽게 뒤를 돌아봤지. 몸집이 유난히 작은 사내아이가 돗자리에 떨어진 김밥을 뚫어지게 보고 있었어.

"맛있어요?"

"야, 이 녀석아!"

수염왕이 버럭 소리를 질렀어. 꼬마 때문에 놀랐다고 생각하니 화가 났어.

"아저씨, 김밥 맛있어요?"

아이는 수염왕이 화내는 것엔 아랑곳하지 않고, 여전히 김밥에 눈독을 들인 채 물었어.

"허, 거참."

수염왕은 어이가 없었어. 하지만 무지개 복지관에서 만난 아이들과 인권 교육을 하면서 배운 대로, 화를 내지 않고 아이와 친절

하게 대화해 보자 마음먹었어. 사실 아이에게 호기심도 생겼지. 이 아이는 어디에서 온 걸까? 집이 어디지? 왜 여기 혼자 있을까? 부모나 보호자와 함께 온 걸까?

"넌 누구냐?"

"아저씨는 누군데요?"

"난 수염왕이다."

"제가 누군지는 안 가르쳐 줘요."

"뭐? 나만 이름을 알려 주는 건 불공평해. 너도 빨리 이름을 말해."

"싫어요. 대신 아저씨가 찾는 행복의 꽃이 어디 있는지 알려드릴게요."

'헉? 이 꼬마가 어떻게 내가 행복의 꽃을 찾는다는 걸 알지? 초능력이라도 있는 걸까?'

수염왕은 깜짝 놀랐어. 좀 전에 행복의 꽃을 찾겠다고 고래고래 소리친 일은 까맣게 잊었지. 수염왕은 짐짓 태연한 척하며 아이에게 말했어.

"난 행복의 꽃에는 관심도 없다. 그런데 말이야, 너, 행복의 꽃을 본 적 있니?"

그러자 꼬마가 도시락통에 남은 김밥을 흘깃 보았어. 수염왕은 반사적으로 도시락통을 가슴에 바짝 당겨서 숨겼어.

"그 김밥을 주면, 얘기해 드릴게요."

"뭐? 고얀 녀석 같으니라고. 너 때문에 김밥을 쏟아 버렸는데 미안해하기는커녕 깨끗한 김밥까지 달라고?"

"그건 아저씨가 혼자 놀라서 쏟은 거잖아요. 제가 잘못한 것이 아니라 아저씨가 겁쟁이라 그런 거죠."

"뭬야?"

인권 교육이고 뭐고, 이제 수염왕은 화가 났어. 뭐 이런 무례하고 얄밉고 밉상인 꼬마가 다 있을까? 무지개 복지관에서 만난 순수하고 착하기만 했던 아이들과는 완~전 달라!

"저처럼 작은 어린아이에게도 이렇게 화를 내면서 행복의 꽃을 찾겠다는 거예요? 행복의 꽃은 절대 찾을 수 없겠네요."

'요 녀석을 콕 쥐어박고 싶구나.'

하지만 수염왕은 마음과 달리, 얼굴 가득 미소를 지으며 아이에게 말했어.

"그렇구나. 내가 잘못했다. 자, 이 김밥뿐만 아니라 달콤한 초콜릿도 주마."

수염왕은 주머니에서 초콜릿을 꺼내 아이에게 주었어.

"자, 이제 말해다오. 행복의 꽃을 어디에서 봤다는 거니? 나는 행복의 꽃을 따려는 것은 아니고, 그냥 궁금해서 물어보는 거야."

"음, 그 꽃은요, 음……."

아이가 초콜릿을 우적우적 씹으며 먼 곳을 가리켰어.

"저기 엄청나게 큰 나무가 보이죠? 그 나무 꼭대기에 아주 커다랗고 향기가 좋은 꽃이 피어 있는데, 분명 행복의 꽃일 거예요. 얼마나 향이 강하고 좋은지 벌들이 다 그 꽃에 몰려든다니까요."

수염왕이 보니, 초원이 끝나고 산이 시작되는 곳에 커다란 나무가 서 있었어. 주변에는 풀뿐이고 나무라고는 그 나무 하나였지. 멀리서 봐도, 신비해 보이는 나무였어.

수염왕은 한달음에 나무를 향해 달려갔어. 세바스찬이 두 귀를 펄럭이며 수염왕을 따라갔어.

나무 밑에서 보니, 과연 아이 말대로 수많은 벌이 나무 꼭대기 근처에 몰려 있었어.

"그래, 이 나무야. 이런 나무는 처음 봐. 잎은 플라타너스의 잎처럼 생겼지만, 꽃이 핀다고 하잖아. 난 평생 플라타너스를 봤지

만, 꽃이 핀 것은 못 봤어. 그러니 이 나무에 핀 꽃은 분명히 행복의 꽃일 거야."

수염왕은 가슴이 두근거렸어. 탐사를 떠난 지 하루 만에 벌써 행복의 꽃을 발견하다니.

'역시 나는 행운의 사나이, 못하는 게 없는 멋진 사람이야!'

그런데 행복의 꽃을 발견한 기쁨도 잠시, 수염왕은 고민에 빠졌어. 저 높은 곳에 어떻게 올라간담? 그러다 나무 그늘에서 늘어지게 하품을 하는 세바스찬과 눈이 딱 마주쳤어.

"그래, 세바스찬이야! 세바스찬, 내가 네 무거운 엉덩이를 들어 올릴 테니, 이 나무에 올라가거라."

수염왕은 세바스찬을 목말을 태워 나무에 올리려고 했어. 세바스찬은 수염왕의 어깨에 앉아 부들부들 떨고만 있어.

낑! 세바스찬은 앞발로 수염왕의 얼굴을 끌어안으며 울어댔어. 결국, 세바스찬은 수염왕의 어깨에서 뛰어내려 봉봉차로 달아나 버렸지.

'어쩌지? 행복의 꽃을 눈앞에 두고 그냥 돌아갈 수는 없는데. 이거야말로 '그림의 떡'이잖아.'

수염왕은 고민이었어. 하지만 행복의 꽃을 포기할 수는 없지.

수염왕은 결의에 찬 표정으로 양손에 퉤퉤 침을 뱉고는 나무에 매달렸어. 한 발씩 천천히 나무를 타고 올라갔지. 팔과 다리가 까져서 따가웠지만,

수염왕은 이를 악물었어. 조금만 더, 조금만 더. 수염왕은 행복의 꽃에 다가가고 있었지.

"오! 이제 손만 뻗으면 행복의 꽃을 꺾을 수 있겠어."

수염왕이 있는 곳에서는 행복의 꽃이 잘 보이지 않았어. 하지만 벌들이 윙윙거리며 몰려 있는 것으로 보아 행복의 꽃이 분명했지. 수염왕은 행복의 꽃을 향해 조심조심 손을 뻗쳤어. 벌들이 수염왕의 손 주위에서 윙윙거렸지만, 수염왕은 멈추지 않았어. 조금만 더, 조금만…… 드디어 행복의 꽃을 잡았어.

"잡았다!"

수염왕은 행복의 꽃을 홱 낚아챘어. 그러자 벌들이 윙윙, 위협하는 소리를 내며 일제히 수염왕을 공격했어. 수염왕은 벌들에 둘러싸여 앞도 보이지 않았어.

"앗, 따가워! 아이고 따가워라!"

수염왕은 비명을 지르면서도 행복의 꽃을 놓지 않았어.

벌들이 잔뜩 화가 나서 수염왕에게 벌침을 마구 쏘았어.

수염왕은 행복의 꽃을 쥔 채로 나무에서 뛰어내렸어. 그리고 봉봉차를 향해 전속력으로 달렸어. 벌떼들이 수염왕을 뒤덮은 채 맹

렬히 쫓아왔어. 봉봉차에서 수염왕을 지켜보던 세바스찬은 꼬리를 말고 의자 아래에 숨어서 벌벌 떨었어.

"앗, 따가워! 아이코, 아이코, 아이코!"

수염왕은 비명을 지르며 봉봉차에 올라타서 잽싸게 차 문을 닫았어. 그리고는 "해냈다!"를 외치며 의기양양하게 손에 든 행복의 꽃을 내려다보았어.

"엥? 이게 뭐야?"

수염왕의 손에는 애벌레들이 꿈틀거리는 작은 벌집이 들려 있었어.

수염왕이 사는 꼬불꼬불나라는 마을마다 지형이 다 다르다는데, 지형이 뭐예요?

지형은 땅이 어떻게 생겼는지를 말하는 거야. 땅은 들쑥날쑥하고 다 다르게 생겼어. 주위를 둘러보면 땅은 평평한 곳도 있지만, 높게 솟은 땅도 있고, 움푹하게 내려앉은 땅도 있잖아. 강과 바다가 있는 곳도 있고. 이렇게 높고 낮은 땅의 모양을 지형이라고 해.

여러분은 분명히 산과 바다, 평야와 강을 구분할 수 있을 거야. 산이 있는 땅을 산지 지형, 바닷가를 해안 지형, 평평한 땅을 평야 지형, 강 근처의 지형을 하천 지형이라고 해. 쉽지?

산지 지형 · 평야 지형 · 하천 지형 · 해안 지형

이제, 산지 지형, 하천 지형, 평야 지형과 해안 지형이 무엇인지는 다 알아요. 그런데 왜, 지형에 대해 배우는 거예요?

옛날에 세계에는 문명이 가장 발달한 곳이 4곳이었어. 그곳을 세계 4대 문명지라고 하는데, 모두 강 주변이야. 왜 강 주변에서 문명이 발달한 걸까? 강물은 마시는 것은 물론이고, 강물로 농사를 지을 수 있고 강

4대 문명 지도

티그리스-유프라테스 강 유역의 메소포타미아 문명

황하 유역의 황하 문명

나일 강 유역의 이집트 문명

인더스강 유역의 인더스 문명

주변의 땅은 영양분이 아주 많은 땅이지. 그러니 농사가 잘되고 사람들은 잘살 수 있었어. 잘살게 되니까 사람들은 먹고사는 것 외에 학문이나 예술 등에 관심을 가질 여유가 있고, 문명이 발달할 수 있었던 거야.

이처럼 지형은 우리 생활에 아주 큰 영향을 주고 있어. 그래서 우리가 지형에 관심을 가지는 거야. 만약 산지 지형에 사는 사람이 배를 타고 물고기를 잡으려 하고, 해안 지형에 사는 사람이 버섯을 따고 젖소를 키우려 하면 어떨까? 아마 생활하기 힘들 거야. 배를 타려면 해안 지형으로 옮겨서 살아야 하고, 버섯을 따려면 버섯이 사는 산지 지형에 있어야 하는지. 젖소를 키우려면 젖소를 키울 넓고 평평한 땅과 젖소에게 줄 먹을거리가 풍부한 곳이 필요하고 말이야.

이제부터 각 지형에 사는 사람들이 어떻게 사는지 함께 알아보자.

수염왕의 지리 노트

땅이 생긴 모습을 지형이라고 한다.
지형에는 산지 지형과 하천 지형, 해안 지형과 평야 지형 등이 있다.
지형은 우리 생활과 아주 밀접한 관계가 있다.

(나는 도시에서 태어났어. 화려하고 거대한 황금성에서 말이야. 그런데 도시는 어떤 지형이지?)

3

대장간마을에서
행복의 꽃을 찾을 거야

— 산지 지형

"이 하늘산은 우리 꼬불꼬불나라에서 제일 높은 산이야. 대장간 마을은 이 산 너머에 있을 거야."

수염왕은 앞을 가로막는 높은 산을 올려다보았어. 그리고 짧고 통통한 자기 다리를 내려다보며 한숨지었어.

"세바스찬, 네가 먹을 사료는 직접 지고 가야 한다. 나는 벌에 쏘인 부상자니까 말이야."

수염왕이 비단 주머니에서 된장 연고를 꺼내 벌에 쏘여 퉁퉁 부은 얼굴에 발랐어. 수염왕은 궁궐에서 쫓겨날 때 가지고 나온 비단 주머니를 항상 가지고 다니지.

수염왕은 꼭 필요한 물건만 넣은 작은 배낭을 메고 산으로 들어섰어. 반질반질 윤기가 나는 사철나무들이 수염왕을 반겼어.

"세바스찬, 요 작고 도톰한 나뭇잎을 보아라. 이 나무들은 1년

내내 잎이 푸르단다. 나처럼 항상 젊다고나 할까."

수염왕이 사철나무잎을 만지며 세바스찬에게 말했어. 하지만 세바스찬은 수염왕의 말보단 사철나무에 영역을 표시하는 데 더 관심이 있는 것 같았지.

수염왕과 세바스찬은 계속 산을 올랐어. 그러다 약초를 캐는 할아버지를 만났어.

"할아버지, 할아버지. 혹시 대장간마을에 가려면 어떻게 가야 하는지 아세요?"

수염왕이 반갑게 물었어. 무작정 하늘산을 돌아다니며 대장간마을을 찾아야 하나 걱정했는데 마침 잘됐지 뭐야.

"대장간마을에 가는 길이야 아주 쉽지. 내가 자세히 설명할 테니, 잘 듣고 잊어버리지 마시게."

수염왕은 수첩을 꺼내서 할아버지의 말을 적을 준비를 했어.

"이대로 쭈욱 올라가다 보면 허리가 댕강 부러진 큰 신갈나무가 나올 거야."

"여기까지 올라오는 동안 신갈나무는 하나도 못 봤는데요."

"높이에 따라, 자라는 나무들이 다 다르거든. 신갈나무는 조금 더 높은 곳에서 자라지. 그 신갈나무가 부러진 방향으로 쭉 가면

돌무더기가 나오지. 그 뒤에 물이 펑펑 솟는 샘이 있는데 그 샘물이 흐르는 시내를 따라가면 대장간마을 표지판이 보일 걸세."

"신갈나무, 돌무더기 뒤에 샘, 따라가면 대장간마을 표지판이 나온다."

수염왕이 할아버지의 말을 따라 하며 수첩에 받아 적었어.

"이대로만 가면 대장간마을이다 이거죠? 뭐, 금방 찾겠네요. 고맙습니다, 할아버지."

수염왕은 꾸벅 절을 하고 서둘러 산을 올랐어. 울창한 나무가 햇빛을 가려서 숲은 어두웠어.

부지런히 산을 오른 덕분에, 수염왕은 곧 부러진 신갈나무를 찾을 수 있었어. 문제는 부러진 신갈나무가 두 그루라는 거야.

"이거야 원, 할아버지가 말한 신갈나무가 어떤 것인지 알 수가 있나."

수염왕은 더 큰 신갈나무를 따라가기로 했어. 수염왕은 세바스찬과 점점 더 산 높이 올라갔어. 오랫동안 떨어진 나뭇잎이 쌓인 바닥은 푹신푹신했어. 수염왕은 조심조심 걸었어. 나뭇잎과 부러진 나뭇가지가 쌓여서 숲 바닥이 보이지 않았거든. 겉으로 보기엔 평평하지만, 발이 푹 빠지는 구덩이가 있어서 넘어질 뻔도 했지.

조금 더 걸어가니, 바늘처럼 뾰족한 잎이 있는 소나무, 전나무 등이 하늘을 찌를 듯 곧게 솟아 있었어.

"이상하네. 할아버지가 분명 돌무더기가 있고 그 뒤로 샘이 있다고 했는데 말이야."

수염왕이 이마에 땀을 닦으며 주변을 둘러보았어. 침엽수가 빽빽하게 자라는 이곳에 샘이 있을 것 같지 않았어. 수염왕은 부러진 신갈나무가 있던 곳으로 돌아갔어. 이번엔 다른 신갈나무가 쓰러진 방향으로 걸어갔어.

왈왈. 앞장서서 걷던 세바스찬이 수염왕을 돌아보며 짖었어.

"세바스찬, 길을 찾은 거냐?"

수염왕이 세바스찬이 있는 곳으로 서둘러 걸었어. 세바스찬이 짖으며 보는 쪽에 샘이 있었어. 그 옆으로 돌무더기가 곳곳에 보였어.

"이 돌무더기는 사람들이 소원을 빌며 돌멩이를 쌓은 돌탑이구나. 아무튼, 수고했다. 네가 시내를 찾았구나."

수염왕이 샘에서 물을 마시는 세바스찬을 칭찬했어. 수염왕도 세바스찬 옆에 앉아 차가운 샘물에 얼굴을 씻었어. 산에서 솟는 물은 얼음처럼 맑고 차가웠지.

"대장간마을이 나올 때까지 이 물줄기를 따라가자."

샘에서 솟은 물줄기는 산에서 내려갈수록 다른 물줄기들과 합쳐지면서 점점 넓어졌어. 물살은 거세져서 뾰족한 큰 바위를 세차게 때리며 빠르게 흘렀어.

"여기 있다, 여기 있어. 대장간마을 표지판이 여기 있어."

수염왕과 세바스찬은 대장간마을로 들어섰어. 나무를 엮어 지은 너와집들이 옹기종기 모여 있었어. 마을 뒤로는 산비탈을 개간해서 만든 밭이 계단처럼 이어져 있었어.

"못 보던 분이신데, 누구를 찾아오셨나요?"

밭에서 감자를 캐던 아주머니가 수염왕에게 물었어.

"나는 행복의 꽃을 찾으러 다니고 있소. 이곳 대장간마을에 행복의 꽃이 있다고 해서 왔는데 말이오, 혹시 그 꽃이 어디에 있는지 아는 사람이 있소?"

"행복의 꽃요?"

아주머니가 되물었어.

"그렇소. 행복의 꽃 말이오."

"행복의 꽃이야, 철산 동굴 속에 있죠. 저기 뒤에 보이는 산이 철산이니 그곳에 가 보세요. 그 산에 해골 모양의 큰 바위가 있어

요. 그 바위에 동굴이 두 개 있는데, 왼쪽 동굴로 들어가면 행복의 꽃을 찾을 수 있을 거예요. 참, 지금쯤이면 마을 남자들이 거기에서 행복의 꽃을 캐고 있겠네요."

수염왕은 깜짝 놀랐어. 대장간마을 사람들이 행복의 꽃을 캐고 있다니, 어물거리다간 행복의 꽃을 놓칠지도 몰라.

"해골바위, 해골바위. 왼쪽 동굴, 왼쪽 동굴."

수염왕은 아주머니가 알려준 곳으로, 내용을 잊지 않으려고 중얼거리며, 허겁지겁 달려갔어. 과연 철산에 들어서자 해골 모양의 큰 바위가 보였어. 수염왕은 왼쪽 동굴로 들어갔어. 동굴 속은 깜깜했어. 수염왕은 손전등을 켜서 앞을 비추며 한 걸음씩 조심스럽게 동굴 안으로 들어갔어. 동굴에 깊이 들어가자 동굴 벽에 불이 밝혀져 있고 남자들이 모여 있는 게 보였어.

"이, 이보시오. 행복의 꽃을 캤소?"

수염왕이 물었어. 저 사람들이 자기보다 먼저 행복의 꽃을 캤으면 어쩌지, 수염왕은 가슴이 떨렸어.

"우하하하. 행복의 꽃? 행복의 꽃이야 벌써 캤지. 자, 보시오."

덩치가 제일 큰 남자가 수염왕에게 큰 돌덩이를 보여줬어.

"엥? 이게 행복의 꽃이라고?"

수염왕이 돌덩이를 자세히 살피며 말했어. 이게 무슨 행복의 꽃이야, 그냥 돌멩이일 뿐이잖아. 수염왕은 어처구니가 없었어.

"그 돌 속에 반짝거리는 게 바로 철이랍니다. 우리 광부들에게는 철이야말로 행복의 꽃이죠."

"엥? 이건 내가 찾는 행복의 꽃이 아니야. 어이쿠, 괜한 고생만 했네."

수염왕이 바닥에 털썩 주저앉았어. 그러자 다른 남자가 수염왕에게 말했어.

"기운 내요. 행복의 꽃은 앗뜨거워산의 대장간에 있으니까요. 얼른 그곳으로 가보세요. 굴뚝에서 연기가 나는 곳이 대장간입니다."

수염왕은 그 말에 다시 기운을 냈어. 그럼 그렇지. 이 돌멩이 속에 있는 철이 행복의 꽃일 리가 없지. 수염왕은 고맙다는 인사를 하고 동굴을 나왔어. 수염왕은 앗뜨거워산에 있는 대장간으로 찾아갔어.

"이보시오. 여기에 행복의 꽃이 있다던데 어디 있소?"

수염왕이 다짜고짜 물었어. 풀무질하던 대장장이가 목에 두른

수건으로 땀을 닦으며 수염왕을 보았어. 곁에서 번갈아가며 망치로 불에 달군 쇠를 내리치던 대장장이들도 수염왕을 돌아봤지.

"행복의 꽃?"

"그렇지. 철산에서 일하는 광부가 이곳에 가면 행복의 꽃이 있다고 했거든."

"우리 같은 대장장이에게 행복의 꽃은 이거죠."

풀무질하던 대장장이가 불을 가리켰어.

"활활 타는 뜨거운 불꽃, 꺼지지 않는 불꽃이 행복의 꽃이죠."

그러자 망치질을 하던 대장장이가 어이가 없다는 듯 말했어.

"무슨 소린가? 행복의 꽃은 바로 잘 벼려진 쇠그릇이야. 쇠그릇을 팔아서 대장간마을 사람들이 먹고사니까 말이야."

대장장이들은 서로 "행복의 꽃이 불이다.", "좋은 쇠그릇이다." 하며 말다툼을 했어.

수염왕은 기가 막혀서 멍하니 대장장이들이 말다툼하는 모습을 보았어. 그러곤 힘없이 대장간을 나왔어. 세바스찬이 수염왕의 손을 핥았어.

"그런데 어느 쪽으로 가야 내 봉봉차를 찾을 수 있지?"

수염왕이 한숨을 쉬었어.

대장간마을은 산지 지형이에요. 산지 지형에 대해 조금 자세히 설명해주세요.

우리가 차를 타고 가다 보면 산봉우리가 줄지어 길게 늘어선 것을 볼 수 있어. 이것을 산맥이라고 해. 우리나라의 태백산맥처럼 말이야. 이렇게 산이 많으면 당연히 평평한 땅은 적을 수밖에 없지? 이렇게 산이 많고 평평한 땅은 적은 지형을 '산지 지형'이라고 해.

큰 산은 높이에 따라 기후가 달라. 위로 올라갈수록 기온이 낮아지지.

산맥, 산봉우리들이 줄지어 길게 늘어선 줄기

▲ 산(주변보다 높고 경사가 있는 땅)
▲▲▲ 산맥(산봉우리가 길게 연속되어 있는 지형)
ᐧᐧᐧ 능선(산등성이를 따라 죽 이어진 선)

그래서 높이에 따라, 산에서 자라는 나무와 풀도 달라져. 남한에서 가장 높은 한라산을 보면, 가장 낮은 곳은 갯씀바귀, 바위채송화 등이 속하는 해안식물대야. 그 위는 난대식물과 초원지대인데 억새 등과 녹나무, 북가시나무 등이 자라. 해발 600m 이상에선 다양한 단풍나무와 참나무, 서어나무 등이 자라는 활엽수림대고, 가장 높은 곳에는 침엽수림과 관목림 지역인데 구상나무와 섬매발톱나무 등이 대표적인 식물이지.

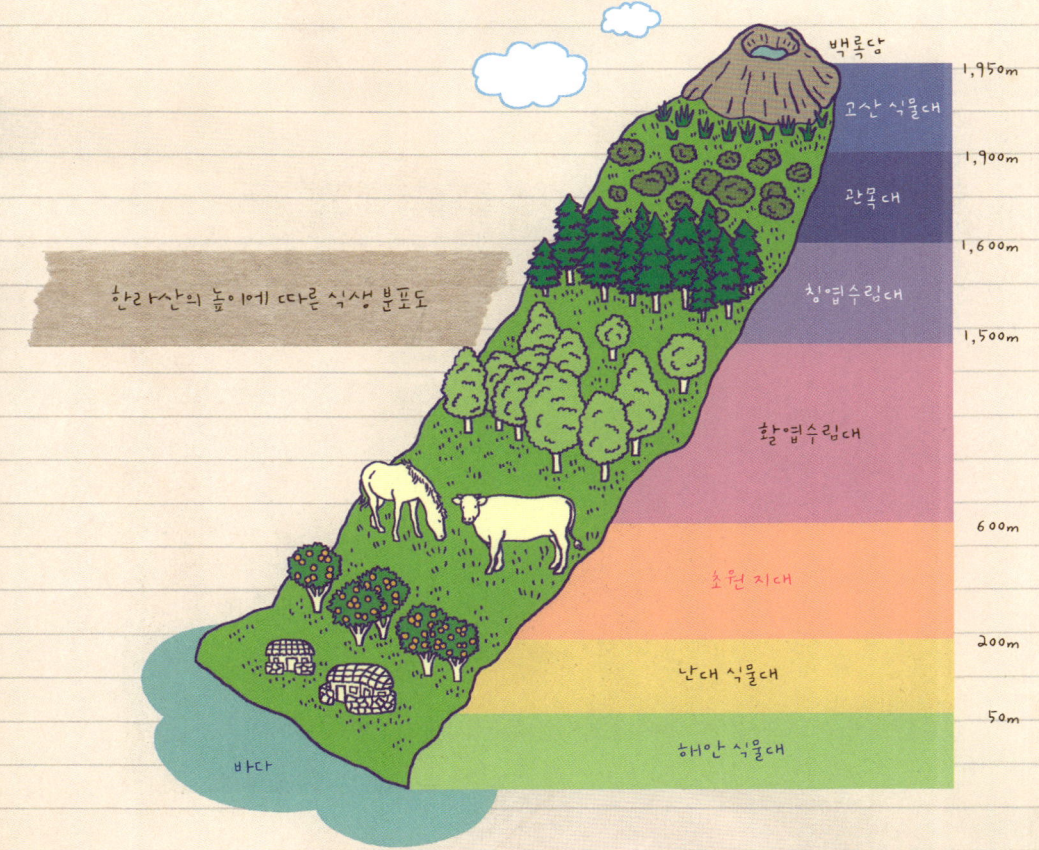

한라산의 높이에 따른 식생 분포도

산지 지형에 사는 사람들은 어떻게 생활하나요?

어떤 지형에 사는지에 따라 사람들이 사는 모습이 달라진다고 했지? 산지 지형은 논농사나 밭농사를 지을 평평한 땅이 적어. 그래서 산을 개척해서 계단 모양의 논밭으로 만들어. 하지만 농사에 사용할 물도 많지 않아서 물이 많이 필요한 논농사를 짓기 어려워. 그래서 주로 옥수수,

갱도차에 올라앉은 강원도 탄광지대의 광원들

조, 수수와 메밀 같은 잡곡과 감자, 옥수수 등의 밭농사를 짓지. 또 산에서 산나물이나 열매, 버섯과 약재를 따서 팔기도 해.

   우리나라의 강원도는 대표적인 산지 지형이야. 강원도에서는 서늘한 기후를 이용해서 고랭지 채소를 키우고 대관령 일대에서는 젖소를 키우기도 해. 예전에는 탄광에서 석탄, 금속 등을 캐는 광업이 발달했었어. 요즘은 석탄 대신 석유를 많이 쓰고 탄광에서 캐는 석탄, 금속의 양도 줄어서 탄광이 많이 사라지고 있어. 대신 아름다운 산과 바다, 강 등의 자연환경을 개발해서 관광산업이 발달하고 있지.

앞에서 알아본 것처럼 땅은 산, 강, 바다, 평지 등으로 다양하게 생겼잖아요. 우선, 산이 어떻게 만들어졌는지 알려 주세요.

그거야 아주아주 옛날, 호랑이가 담배 피우던 시절에 수십만 명의 사람이 모여 바위와 흙을 높이 쌓아 산을 만든……. 말도 안 된다고? 그래, 미안하다.

산이 만들어지는 원인은 크게 두 가지로 나눌 수 있어. 땅속에 있는

땅 밑에서 앞으로 땅을 밀어서 위로 휘어진 모습

힘이 만든 산과 땅 위에서 작용하는 힘이 만든 산이 있지. 여기서 땅속의 힘이란, 땅이 움직이는 것과 화산이 폭발하는 것이야. 땅, 다시 말하면 지구의 표면은 계속 움직이고 있어. 이렇게 땅이 움직이다가 다른 땅과 부딪치면 어떻게 될까? 부딪힌 부분의 땅이 위로 치솟겠지? 또 그 주변의 땅도 주름처럼 위아래로 휘어질 거야. 이렇게 위로 치솟은 땅과 주름처럼 휘어 올라온 땅이 산이 되는 거야. 이런 산을 주름처럼 만들어졌다고 해서 주름산이라고도 해. 산맥 대부분은 이렇게 만들어졌어, 세계에서 가장 높은 히말라야 산맥, 우리나라의 태백산맥이 이런 산이야.

그리고 화산이 폭발해서 땅속에서 솟아오른 용암이 굳어져서 만든 산

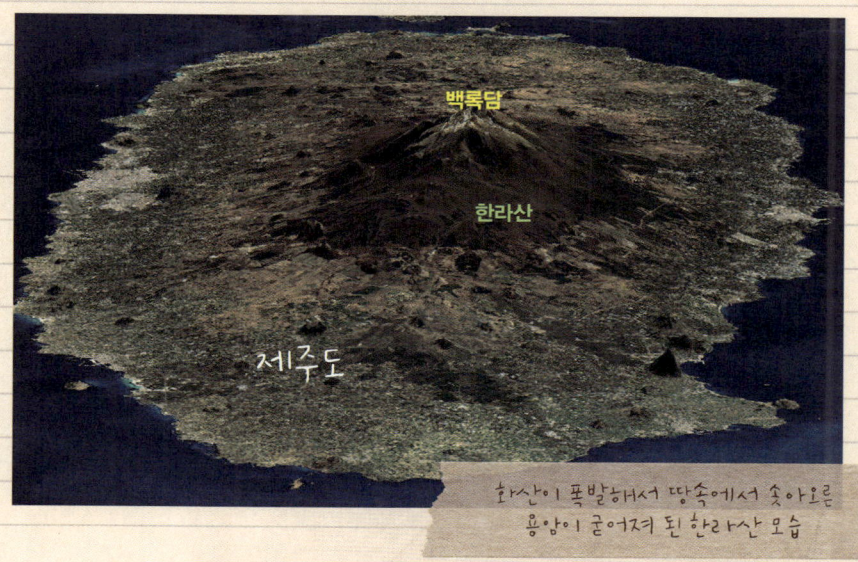

화산이 폭발해서 땅속에서 솟아오른 용암이 굳어져 된 한라산 모습

도 있어. 한라산과 백두산이 대표적인 화산이지. 또 땅 위에서 작용하는 힘도 산을 만들 수 있어. 땅은 바람과 비, 햇빛 때문에 깎여나가는데 무른 땅은 더 많이 깎이지, 그럼 그 주변의 땅이 상대적으로 덜 깎이니까 볼록 솟은 땅이 산이 되기도 해.

수염왕의 지리 노트

지형은 사람들의 생활에 큰 영향을 미친다.
산지 지형에서는 산에서 약재와 나물, 열매 등을 따서 팔거나 산을 개간해 밭농사를 짓는다.

(나, 수염왕이 특별히 '떼돈'이란 단어가 어떻게 생겼는지 가르쳐주지. 옛날 강원도에선 떼몰이꾼이 나무를 베어 서울에 보냈어. 그래서 돈을 엄청나게 많이 벌었대. 그래서 '떼돈'이란 말이 생긴 거야.)

4

산에 둘러싸인 똘똘이마을

– 침식분지

"헥헥, 사람이 살기 어려운 이런, 헥헥, 험한 산에 행복의, 헥헥, 꽃이, 헥헥, 있을 리가 없지."

수염왕은 날이 저물어서야 봉봉차로 돌아왔어.

"아이고 힘들다. 행복의 꽃이 있다는 말에 속아서 산을 몇 개나 올랐으니······."

수염왕은 퉁퉁 부은 발을 주물렀어. 허리도 아프고 허벅지와 종아리도 당겼어. 몸에 비해 작은 두 발은 벌겋게 퉁퉁 부었어.

"힘드니까 밥하는 것도 귀찮아. 저녁 식사는 간단하게 나의 즉석 꼬불꼬불면을 먹어야겠다."

수염왕은 한숨을 쉬며 물을 끓였어.

왈왈.

세바스찬이 봉봉차 창밖을 보며 짖었어.

"무슨 일이냐, 세바스찬? 혹시 사나운 산짐승이라도 나온 게냐?"

수염왕은 긴장해서 두 손으로 나무 주걱을 꽉 잡고 창밖을 살폈어.

"오오오오오. 이 무슨 장관이란 말이냐?"

수염왕은 입이 떡 벌어졌어.

봉봉차에서 새어나온 불빛 외에 아무런 빛도 없는 사방이 깜깜한 곳, 먹색의 하늘에는 반짝이 조각을 뿌려놓은 듯이 별이 반짝였어. 밤하늘은 셀 수 없이 많은 별을 매달아 아래로 축 처진 것처럼 보였어.

쏟아질 듯 많은 별을 보며, 수염왕은 감탄했어.

"저 별은 나의 별, 저 별은 세바스찬의 별, 또 저 별은 온난화 여사의 별."

수염왕은 가장 반짝이는 별을 가리키며 중얼거렸어. 갑자기 온난화 여사가 보고 싶었어.

즉석 꼬불꼬불면 국물을 후루룩 마시며 수염왕은 생각했어.

"지금까지 살면서 이토록 아름다운 하늘을 보지 않았다니, 나는 참 어리석었구나. 아름다운 것은 고개만 들어도 찾을 수 있는 곳

에 있는데 말이야. 조금만 관심을 가졌으면 되는데…….”

수염왕은 밤하늘의 별을 세다, 어느덧 잠이 들었어.

다음날, 하늘산 위로 해가 떠올랐어.

수염왕은 벌떡 일어나서 창문을 열어 환기를 시켰어. 여름이 다 가오는 시기였지만, 산지 지형이라 아침 공기가 차가웠어.

"산지 지형은 이제 질려 버렸어. 그래, 이번엔 똘똘이마을에 가자. 똘똘이마을에는 나를 아주 존경하는 안경샘이 살지. 안경샘은 아는 게 많으니까 분명, 행복의 꽃이 어디에 있는지도 알 거야. 참, 그런데 똘똘이마을은 어떻게 찾아가지?"

수염왕은 성실해가 준 선물이 떠올랐어.

"그래, 꼬불꼬불나라 전체를 그린 이 지도를 보면 똘똘이마을로 가는 길을 금방 찾을 수 있을 거야."

수염왕은 꼬불꼬불나라 전도를 뚫어져라 보았어. 지도는 녹색과 황토색으로 색칠되어 있고 두꺼운 선과 글자로 가득했어. 무슨 의미인지 전혀 알 수 없었지. 수염왕에겐, 그 지도가 마치 암호로 가득한 비밀 지도 같았어.

"이거야 원, 당최 무슨 내용인지 알 수가 있나?"

수염왕은 지도를 이쪽저쪽으로 돌려보며 투덜거렸어.

그런데 수염왕 옆에서 지도를 빤히 보던 세바스찬이 앞발로 지도를 콕 짚었어.

"세바스찬, 뭐하는 게냐? 지도가 찢어지기라도 하면 어쩌려고."

수염왕이 지도에서 세바스찬의 앞발을 들어 올리다 말고, 벌떡 일어났어. 그리고 세바스찬이 앞발로 짚은 곳을 자세히 보았어.

"그렇구나, 네가 짚은 곳이 바로 똘똘이마을이구나. 그런데 이 노란색과 갈색으로 칠해진 곳은 또 뭐지? 똘똘이마을을 둘러싸고 있는 것처럼 보이잖아."

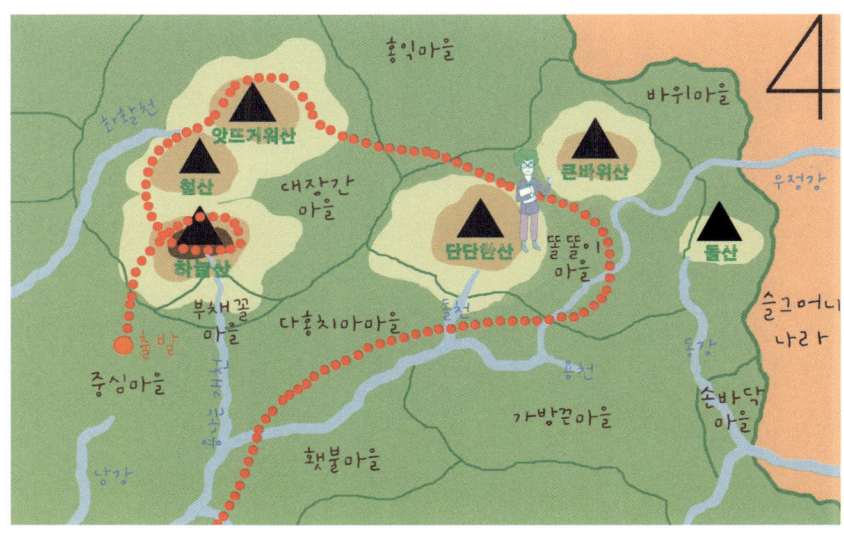

수염왕이 세바스찬에게 말했어. 똘똘이마을은 초록색의 국그릇처럼 오목했어. 그 주위를 노란색과 갈색이 둘러싸고 있는데, '단단한산'이라고 적혀 있었어.

"뭐, 일단 가보면 이 노란색과 갈색으로 칠해진 곳의 정체를 알겠지. 자, 이번엔 여기서 똘똘이마을까지 가는 길을 찾자."

수염왕은 지금 있는 대장간마을에서 똘똘이마을까지 가는 방법을 알려고 지도를 샅샅이 훑어보았어.

"대장간마을이 똘똘이마을 위에 있군. 그럼, 이 길을 따라가면 되겠어."

수염왕은 지도에 대장간마을에서 똘똘이마을로 이어지는 하얀 줄을 붉은색으로 칠했어.

"준비 끝! 이 길로 달려가기만 하면 똘똘이마을이 나오는 거야. 가자!"

수염왕은 지도를 팽개치고 똘똘이마을로 출발했어. 지도에 그려진 대장간마을의 아래쪽이 실제로는 어느 쪽일까? 하는 의문은 생각도 하지 않았어. 단순히 눈앞에 보이는 비탈길을 내려가면, 똘똘이마을에 도착할 거라 믿었지.

수염왕은 막무가내로 방향을 정해서 운전했어. 봉봉차는 잘 닦인 도로를 부드럽게 달렸어. 수염왕은 오랜만에 안경샘을 만날 생각을 하니 기분도 좋았어.

"꼬불면 아줌마, 꼬불면 주세요. 열 개만 끓여 주세요. 퉁퉁 불은 면 말고, 탱탱한 면 주세요. 달걀도 넣어 주세요."

수염왕은 즉석에서 '꼬불면 송'을 만들어 흥얼거렸어. 세바스찬이 박자에 맞춰 '멍멍' 짖으며 흥을 더했지. 그런데 길 양쪽으로 늘어선 산이 점점 높아지는 것 같았어. 수염왕은 점점 불안해졌어. 똘똘이마을도 산지 지형이면 어쩌지?

대장간마을을 출발한 지 두 시간쯤 지나자, 갑자기 산이 사라지고 평평한 지형이 나타났어. 똘똘이마을이야. 똘똘이마을은 산이 병풍처럼 빙 둘러싸고 있는 마을이었어.

"똘똘이마을이 우리 꼬불꼬불나라에서 세 번째로 큰 도시라더니 건물도 높고 사람도 많네."

수염왕은 건물을 올려다보았어. 건물 유리 벽에 햇빛에 반사되어 눈이 부셨어. 반듯하게 아스팔트가 깔린 길에는 멋지게 차려입은 사람들이 무표정한 표정으로 바쁘게 걷고 있어.

"이보시오, 혹시 안경샘이 어디 있는지 아시오?"

수염왕이 마주 오는 젊은 여자에게 물었어.

"안경샘이라고요? 혹시 똘똘이마을 대표인 안경샘을 말씀하시는 거예요?"

"대표? 그, 그렇지. 안경샘이 이 마을 대표지. 그렇소, 그 사람이 내가 찾는 그 안경샘이오."

"마을 대표라면, 똘똘이마을 주민센터에 있겠죠."

여자는 말을 마치자 서둘러 걸어가 버렸어.

"이봐요? 똘똘이마을 주민센터가 어디 있는지도 알려 줘야지."

하지만 이미 여자는 사람들 사이로 멀리 사라지고 있었어. 하는 수 없이 수염왕은 다시 성실해가 준 지도를 꺼내 살펴보았어.

"이렇게 복잡한 길에서 우두커니 서 있으면 어떡해요? 옆으로 좀 비켜 주세요."

길을 걷는 사람들이 수염왕을 보며 투덜거렸어. 수염왕은 길 가는 사람들에게 이리저리 밀리며 꼬불꼬불나라 전도에서 똘똘이마을 주민센터를 찾으려고 했어.

"이런 이런, 큰일이구나. 이 지도에는 똘똘이마을 주민센터가 표시되지 않았어."

수염왕은 진땀이 났어. 그러다 근처 만둣가게에 들어가서 길을 물었어. 다행히 만둣가게 주인은 친절하게 똘똘이마을 주민센터까지 가는 길을 그림으로 그려 줬어.

"이 길로 쭉 걸어가다 보면 삼거리가 나오는데 왼쪽 길로 돌아가세요. 계속 가다가 세 번째 건널목에서 길을 건너세요. 길을 건너면 분수대가 있는 도서관이 있을 거예요. 도서관 뒷길로 걸어가면 초등학교와 우체국이 나오는데 그 샛길로 쭉 걸어가면 똘똘이마을 주민센터가 보일 겁니다."

수염왕은 만둣가게 주인이 그려준 약도를 들고 길을 나섰어. 만둣가게 주인의 설명을 들으며 약도를 보았을 때는 똘똘이마을 주민센터를 쉽게 찾을 수 있을 것 같았는데 막상 길을 나서니 건물들이 다 똑같아 보이고 헷갈렸어.

'첫 번째, 두 번째, 세 번째 건널목.'

수염왕은 건널목의 숫자를 세며 길을 걷다 세 번째 건널목에서 길을 건넜어.

'이번엔 분수대를 찾으면 된다.'

수염왕은 다시 '분수대, 분수대'를 중얼거리며 주변을 살폈어.

"저기 있다, 분수대."

수염왕은 분수대를 발견하고는 반가움에 소리를 질렀어. 물고기 모양의 조각에서 물을 뿜어내는 분수대가 보였지. 수염왕은 분수대 뒤의 해양박물관 뒷길을 따라 걸었어. 수염왕은 초등학교와 우체국을 찾아 한참 동안 걸었어.

"아이고 다리야. 이렇게 오래 걸었으면 분명히 초등학교랑 우체국이 나와야 하는데 말이야. 참, 이상하다, 세바스찬."

수염왕이 다리를 두드리며 길에 놓인 긴 의자에 앉았어. 세바스찬은 더운지 혀를 쑥 내밀며 헐떡였어. 수염왕은 가방에서 물통을 찾아 한 모금 마신 뒤 세바스찬에게도 물을 주었어.

그리고 만둣가게 주인이 그려준 약도를 다시 살펴보았어. 선으로 그린 길과 네모로 표시한 건물 들이 간단하게 그려져 있었지. 그런데 다시 약도를 보니, 네모로 그린 건물들이 어떤 건물인지 기억이 나지 않았어.

"이 네모가 학교던가? 아니면 우체국? 도서관? 아이코, 헷갈려. 다 잊어버렸네."

수염왕은 고개를 갸우뚱했어. 하지만 별수 없이 다시 일어나 똘똘이마을 주민센터를 찾아 걸어야 했어. 한참을 헤매다 보니 아까

본 물고기 분수대가 있는 곳으로 되돌아와 있었어. 수염왕은 분수대 뒤의 건물을 보았어. '푸른 해양박물관'이란 간판이 보였어.

"앗, 이 건물이 '푸른 해양박물관'이라고? 이상하네. 그 만둣가게 주인이 박물관 얘기는 한 적이 없는데?"

수염왕은 깜짝 놀라서 주위를 다시 살폈어. 해양박물관에서 백 m(미터)쯤 떨어진 곳에도 작은 분수대가 있었어. 수염왕은 한달음에 그 분수대로 달려갔어. 책과 연필 모양의 조각에서 물이 쏟아지는 분수대 뒤로, '진리 도서관'이란 간판이 보였어.

"그래, 여기야, 여기! 이제야 생각이 났어. 분수대 뒤에 도서관이 있다고 했어, 맞아. 이 도서관 뒷길로 가면 돼. 아까는 내가 분수대만 보고 해양박물관과 도서관을 구분하지 않았던 거야."

수염왕은 도서관 뒷길을 찾았어. 곧 초등학교와 우체국을 발견하고 그 샛길로 들어갔어. 샛길 끝에서 드디어 똘똘이마을 주민센터를 발견했지. 수염왕은 "저기다!"를 외치며 한달음에 주민센터로 달려갔어.

똘똘이마을은 어떤 지형인가요?

똘똘이마을은 대장간마을 동쪽 아래쪽에 있어. 똘똘이마을은 도시야. 그래서 자연환경, 지형의 영향을 별로 받지 않아. 하지만 도시는, 주로 땅이 평평한 곳에 발달하고 있어. 이렇게 넓고 평평한 땅이 많은 곳을 평야 지형이라고 해.

평야지형은 어떻게 만들어지는지에 따라 두 종류로 나눌 수 있어. 큰 강 아래쪽(하류)에는 넓고 평평한 평야지형이 만들어져. 강물이 몰고 온 흙과 모래가 쌓여 만들어진 평야지. 이런 평야를 퇴적평야, 혹은 충적평야라고 하는데 '퇴적', '충적'이란 말은 '쌓인다'라는 뜻이야. 퇴적, 충적평야는 뒤에서 다시 알아보자.

두 번째 평야지형은 똘똘이마을 같은 침식분지야. 침식분지는 주로 큰 강의 중상류(위쪽)에 생겨. '침식'이란 말은 '깎인다'라는 뜻이야. 그러니 침식분지는 '움푹 깎인 평평한 땅'이란 뜻이지. 똘똘이마을은 '단단한 산'에 둘러싸여 있는 평평한 땅이지.

우리가 보기엔 늘 같아 보이지만, 사실 땅은 물과 바람, 햇볕 등에 의해 깎이고 있어. (바로 앞 장에서 산이 만들어지는 원인을 설명할 때 이미 알아본 내

침식분지인 대전

용이지?) 그런데 땅은 여러 종류의 돌(암석)로 되어 있어서, 다른 암석보다 약한 돌은 더 많이 깎이지. 그럼 단단한 암석으로 된 땅은 여전히 높은데 약한 암석으로 된 땅은 점점 움푹 파여. 이렇게 오랜 시간이 지나면, 주변의 땅은 산이 되고 움푹 팬 평평한 땅은 침식분지가 되는 거야. 침식분지는 산이 둘러싸고 있어서 마치 국그릇 모양처럼 보여.

왜 침식분지에 도시가 발달하나요?

위에서 도시는 자연환경의 영향을 별로 받지 않는다고 했지? 하지만 이미 도시가 되면, 자연환경의 영향을 덜 받지만, 도시가 생기는 이유는 자연환경의 영향이 아주 커. 사람이 살기 좋은 자연환경을 가진 곳은 사람이 몰려들고 도시로 발전하니까. 세계의 4대 문명이 강 주변에 발달한 것처럼 말이야.

침식분지는 사람이 살기 좋은 곳이야. 분지를 둘러싼 산은 차가운 바람을 막아 주고, 외적의 침입도 막아 줘. 또 산에서 나무와 석탄 등을 구해서 연료로 쓸 수 있고, 주변에 강이 흐르기 때문에 마실 물도 풍부하고 농사지을 물도 걱정 없지.

그래서 우리나라의 분지에도 큰 도시가 발달했어. 각 지방의 중심지가 침식분지에 있지. 강원도 춘천시, 대구광역시, 전라북도 남원시와 대전광역시도 침식분지에 있단다.

침식분지가 도시로 발달하는 이유는 또 있어. 똘똘이마을을 예로 들어보면, 똘똘이마을은 교육의 중심지였어. 전국에서 자식을 공부시키기 위해 사람들이 몰려왔지. 사람들이 많아지면 그들이 살 집도 많아야 하고 그들이 일할 직장, 공장 등이 필요해. 또 병원, 관청, 필요한 물건을 살 시장 등이 필요하지. 이렇게 마을이 점점 커지면서 다양한 일을 하는 사람이 많이 모여 사는 도시가 되는 거야.

수염왕의 지리 노트

평야지형은 평평하고 낮고 넓은 땅이야.
크게 침식분지와 퇴적평야로 나눌 수 있다.
침식분지는 사람이 살기 좋아서 큰 도시가 많이 발달한다.
(서울은 한강 하류에 있지만 침식분지야. 내가 《대한민국 지리책》을 좀 봤지. 크하하하. 난 정말 아는 게 많아.)

5
지도가 필요해!

-지도의 기호

　수염왕은 바로 안경샘을 찾았어.

　"다홍치마마을 대표님, 아니 지금은 다홍치마마을의 대표가 아니시죠. 아무튼, 참 반갑습니다."

　안경샘이 수염왕의 손을 잡으며 반가워했어.

　"그냥, 수염왕 사장님이라고 부르게. 내가 왕수염 회사의 사장이 되었거든. 돈도 아주 많다네. 크크큭."

　"그런데 어쩐 일로 저를 찾아오셨습니까? 이곳은 쉽게 찾으셨어요?"

　안경샘이 수염왕에게 시원한 음료수를 주며 물었어.

　"말도 말게. 비슷하게 생긴 건물들이 앞을 가로막고, 길도 다 똑같이 생겼더라고."

　"똘똘이마을은 오래전에 도시화를 했으니까요."

"이 지도들이 엉망진창이라서 더 고생했다니까."

수염왕이 성실해가 준 지도와 만둣가게 주인이 그려준 약도를 보여주며 투덜거렸어.

"이 지도는 꼬불꼬불나라의 전도라서 큰 지역만 표시되어 있네요. 이 약도는 정확하지 않고요."

"역시 지도 따위는 쓸모가 없어."

"제대로 볼 줄만 알면 지도는 참 쓸모가 많아요. 수염왕 사장님, 제가 지도를 보는 방법을 가르쳐드릴까요?"

"지도를 보는 방법? 그딴 게 왜 필요해? 그냥 지도에서 내가 갈 장소의 이름만 찾으면 되잖아? 하지만 뭐, 자네가 아는 척을 하고 싶어 하니, 내가 한번 들어보지. 흠흠. 얼른 지도를 보는 방법을 가르쳐 줘."

수염왕은 안경샘을 재촉했어.

"우선 지도에는 약속이 있습니다. 만둣가게 주인이 그려준 이 약도가 지도의 약속을 지켰다면 수염왕 사장님이 이곳까지 쉽게 찾아오셨을 거예요."

"약속? 난 약속한 적 없는데? 자네가 나 대신 약속한 건가?"

수염왕이 의심에 가득한 눈길을 안경샘을 노려보았어. 안경샘

은 수염왕의 말은 살짝 무시하고 '지리 강의'를 이어갔어.

"지도는 어느 누가 봐도 알 수 있게 지도를 그리는 방법이 정해져 있어요. 여기 4처럼 생긴 기호가 있지요? 이것은 동서남북 방향을 알려 주는 겁니다. 항상 4의 꼭짓점이 북쪽이지요."

"4는 방향을 나타낸다. 그런데 방향을 찾는 방법은 나도 알아. 하늘에서 북극성을 찾으면 되잖아."

"그렇죠. 그리고 이 지도에 1:1,000,000이라는 숫자가 있지요? 이것은 축척을 말합니다. 즉 실제 면적을 얼마나 줄여서 지도로 옮겼는지를 알려 주지요."

안경샘이 수염왕의 말을 자르며 설명을 이어갔어.

"숫자는 축척이고, 얼마나 줄여서 그렸는지 알려준다."

수염왕은 연필에 침을 묻혀가며 안경샘의 설명을 수첩에 열심히 적었어.

"이 꼬불꼬불나라의 전도는 소축척지도예요. 넓은 지역을 아주 작게 줄인 지도라서, '작을 소, 소축척 지도'라고 부르죠. 소축척 지도는 지역에 대한 자세한 내용은 알 수 없어요."

"맞아, 이 지도에는 똘똘이마을 주민센터가 나와 있지 않아. 쓸모없어."

"하지만 넓은 지역을 한눈에 볼 수 있는 장점이 있습니다. 그리고 좁은 지역을 자세히 그린 지도를 '대축척지도'라고 합니다."

안경샘은 책꽂이에서 《꼬불꼬불나라의 지리》라는 책을 꺼내 수염왕에게 보여줬어. 그리고 책에서 똘똘이마을 지도를 찾아서 수염왕에게 내밀었어.

"이 지도는 똘똘이마을의 남부지역만 줄여서 그린 대축척지도예요. 지역을 자세히 볼 수 있습니다."

지도를 보니, 똘똘이마을 주민센터와 진리도서관, 푸른 해양 박물관과 행복 초등학교가 표시되어 있어.

"오, 진짜로 이 지도에는 자세히 표시되었네? 그런데 지도에서 보면 바로 옆이지만 실제로는 거리가 멀더라고. 진리도서관이랑 푸른 해양박물관도 이 지도에서 보면 요렇게 가깝지만 실제로는 한참 멀더라고. 다리 아팠어."

"지도는 실제 지역을 줄여서 보여주는 거니까요. 똘똘이마을의 일부 지역이라고 해도, 그 지역만 한 지도를 그릴 수 없으니까 줄여서 작은 종이에 옮겨 그린 거죠. 지도에서 거리는 1cm(센티미터)가 기준이에요. 여기 위쪽을 보세요. 1:10,000이라고 적혀 있죠?

이건 10,000cm를 1cm로 줄였다는 표시지요. 결국 지도에서

1cm는 실제로는 10,000cm(100m)라는 거예요.

예를 들어 진리도서관에서 푸른 해양박물관 사이의 거리가 얼마나 되는지 볼까요? 자로 두 건물의 거리를 재면, 1cm가 나오네요. 그럼 실제로는 두 건물의 거리가 100미터(m)라는 거죠."

'이렇게 다리가 아프도록 걸었는데 지도에서는 겨우 손가락 하나 거리만큼만 걸은 것 같네.'

수염왕은 중얼거리며, 다리를 통통 두드렸어. 그리고 아무렇지도 않은 척하며 안경샘에게 다시 말했어.

"음, 그럴듯한 설명이군. 그런데 이 그림들은 뭔가?"

"지도에 표시하기로 약속한 기호입니다. 이 기호는 학교(🏫), 이 기호는 우체국(🏤)이지요."

"그렇군. 이 지리책만 있었어도 내가 이곳을 찾느라 헤매지 않았을 텐데. 나한테 선물하게."

수염왕은 《꼬불꼬불나라의 지리》가 탐났어. 그래서 슬쩍 《꼬불꼬불나라의 지리》 앞표지에 커다랗게 '수염왕 거'라고 적었어. 안경샘은 조금 당황스러웠지만 아무 말도 하지 않았어.

"그런데 꼬불꼬불나라 전도를 보면, 여러 색으로 칠해졌잖아? 요기 좀 봐봐. 똘똘이마을은 초록색인데 그 주위에 있는 '단단한

산'은 노란색이랑 갈색이지? 깔끔하게 한 가지 색으로 칠하면 좋잖아? 내가 좋아하는 황금색으로 말이야."

수염왕이 안경샘에게 물었어.

"아, 그건 지역마다 땅의 높이가 달라서 서로 다른 색으로 색칠한 겁니다. 산처럼 높은 곳은 갈색, 평야처럼 땅이 낮은 곳은 연두색입니다."

"그럼 이 파란색은 뭐야?"

"그건 바다를 그린 거예요. 짙은 파란색일수록 더 깊은 바다입니다. 그래서 육지 근처의 바다는 옅은 파란색이고 육지에서 멀어질수록 더 짙어집니다, 더 깊은 바다니까요."

"음. 그렇군. 내가 왕이었을 때는 깊은 바다에서 집채만 한 고래를 잡고는 했지."

수염왕이 손가락으로 팔자수염을 돌돌 말며 아는 체를 했어.

"음, 지도를 보는 방법은 이제 잘 알겠네. 그런데 말이야, 자네, 혹시, 행복의 꽃이라는 거 아나?"

"그럼요. 저는 매일 행복의 꽃들을 보는 걸요?"

"뭐? 매일? 행복의 꽃을 본다고?"

수염왕은 흥분해서 벌떡 일어났어.

"그, 그럼. 나한테 살짝만 보여주게. 내가 달라고는 하지 않을게. 아니 아니, 한 송이만 주면 그 은혜는 잊지 않겠네. 돈도 줄게."

수염왕이 눈을 반짝이며 안경샘에게 사정했어. 행복의 꽃을 보고 싶은 간절함 때문에, 저절로 두 손이 모여졌어.

"하하하. 제가 드릴 수는 없습니다. 아무튼, 저와 함께 가시지요."

안경샘이 수염왕을 밖으로 안내했어.

'고얀 녀석. 예전엔 나를 그토록 존경하더니, 이제는 행복의 꽃도 안 보여주는군. 하지만 내가 누구야, 기회를 봐서 슬쩍 한 송이 꺾어가야지. 크크큭.'

수염왕은 엉큼하게 웃었어.

"자, 행복의 꽃들입니다."

안경샘이 초등학교 운동장을 가리켰어. '행복 초등학교'라는 간판이 걸린 정문 사이로 축구를 하는 아이들, 그네와 미끄럼 등을 타며 신나게 뛰어노는 아이들이 보였어.

"어디, 어디? 행복의 꽃이 어디 있다는 거야?"

수염왕이 급히 학교 안을 둘러보며 말했어.

"이 학생들이 바로 저희 똘똘이마을의 행복의 꽃입니다. 우리의 미래이고 희망이지요."

"뭐? 요 꼬맹이들이 행복의 꽃이라고? 자네, 혹시 미친 건가?"

수염왕은 어이가 없었어. 분명 안경샘이 행운의 꽃을 뺏길까 봐 거짓말을 하는 것이겠지. 수염왕은 안경샘에게 서운했어. 그래서 말없이 그 자리를 떠나서 세바스찬이 기다리는 봉봉차로 돌아갔어.

"세바스찬, 마음이 쓸쓸하구나. 시간이 지나면 모든 게 변하지만, 안경샘까지 변할 줄이야. 나를 그토록 존경했는데 지금은 거짓말만 늘어놓더구나."

왈왈.

세바스찬이 꼬리를 흔들며 짖었어.

"그래, 너만은 나에게 진실하고 변하지 않은 애정을 보여주었지. 그래, 나한테는 네가 있으니 괜찮다, 외롭지 않아!"

수염왕은 애써 미소를 지었어. 갑자기 온난화 여사가 아주 많이 보고 싶었어.

수염왕은 꼬불꼬불나라 전도를 보았어. 안경샘에게 지도를 보는 방법을 배운 뒤라, 지도가 새롭게 보였지.

"음, 여기가 내가 살던 중심 마을, 여기는 대장간마을, 대장간마을에서 동쪽으로 비스듬하게 아래에 똘똘이마을. 똘똘이마을이 대장간마을 바로 아래에 있는 줄 알았는데 말이야. 그럼 실제로 대장간마을 아래에 있는 건…… 부채꼴마을이군. 하지만 쪼그매. 행복의 꽃이 피기엔 좀 작은 마을인 것 같단 말이야. 그래, 중심마을 아래에 있는 홍수마을에 가 보자."

수염왕은 손가락으로 지도에서 '홍수마을'이라는 지명을 짚으며 세바스찬에게 말했어.

수염왕은 봉봉차를 운전해서 홍수마을로 출발했어. 차도마다 사방에서 몰려드는 차들이 가득했어. 봉봉차는 깔끔하게 포장된 도로를 부드럽게 달렸지만, 수염왕은 차에서 뿜어내는 매연을 피해 빨리 신선한 공기를 마시고 싶었어. 똘똘이마을은 도시화와 산업화가 잘 진행되어서 깔끔하고 편했지만, 수염왕은 똘똘이마을에 더 머물고 싶지는 않았어.

아항! 수염왕이 길을 헤맨 이유는, 약도에 기호가 제대로 표시되지 않아서였군요? 음, 그런데 기호는 왜 필요하죠?

와, 잘 이해하고 있구나! 수염왕은 대장간마을의 산에서 만난 약초 캐는 할아버지에게 대장간마을에 가는 길을 물었던 일이 있어. 그때는 할아버지가 말로 길을 설명해줬고, 수염왕은 길을 잃었지. 다행히 이번엔 수염왕에겐 지도가 2장 있었어. 성실해가 준 '꼬불꼬불나라의 전도'랑 만둣가게 주인이 그려준 똘똘이마을 약도 말이야. 그런데 1장에서 말한 것처럼, 성실해가 준 지도는 아주 넓은 지역을 작게 축소한 소축적지도라, 어떤 장소에 대해 자세하게는 알 수 없어.

만둣가게 주인이 그린 약도는, '기호'가 제대로 표시되지 않았어. 그래서 수염왕은 약도를 보고도 길을 찾기 어려웠지. 약도에 사각형만 그리면 그 사각형이 우체국인지 도서관인지 알 수가 없잖아. 그래서 지도에는 정확한 기호가 필요한 거지. 기호는 어떤 뜻을 단순하게 표시하는 거야. 사실, 지도를 만들 때는 꼭 주의할 것이 있어. 그건 어느 누가 보더라도 지도의 내용을 알 수 있어야 한다는 거야. 지도를 보는 사람이 한

실제 지역을 알기 쉬운 지도로 표시한 모습

국인이든 외국인이든, 어린이든 어른이든 상관없이 같은 지도를 보고 같은 내용을 알 수 있어야 해. 그래서 지도마다 똑같은 기호를 사용하고 있어. 예를 들면 ♨라는 기호는 온천을 뜻하고, ⚑는 학교를 뜻해. 하지만 수염왕처럼 지도의 기호를 모른다면, 기호가 아무 소용이 없지.

지도에는 어떤 기호를 사용하나요?
제일 대표적인 기호를 알려 주세요.

주변에 지도가 있다면 자세히 살펴봐. 지도에는 글자, 숫자, 다양한 색깔, 선, 기호가 표시되어 있을 거야. 지도를 보면서 대표적인 기호를 알아볼까? 안경샘이 수염왕에게 설명한 내용을 기억하면서 말이야.

지도 속의 기호

산	▲	시청	◎	동주민센터	○	학교	⚑	경찰	⊗
소방서	Y	우체국	✉	병원	⊕	교회	✝	공장	�
온천	♨	등대	☼	항구	⚓	집	■	묘지	⊥
절	卍	논	⊥⊥	과수원	○	다리	][	성곽	⊓⊔⊓⊔

100

수염왕의 지리 노트

지도는 모든 사람이 알아볼 수 있도록 약속으로 정한 기호로 표시되어 있다.
기호는 지도에 점, 선, 면으로 표시하는데, 어떤 지역에 무엇이 있는지 알려준다.

(♨가 온천을 표시하는 기호라고? 우리 동네 목욕탕에도 저런 표시가 있는데…….)

6

오잉? 지리가 재밌잖아?

- 지형과 기후, 남반구와 북반구, 시간을 결정하는 선

똘똘이마을을 벗어나자, 개천이 길을 따라 이어졌어. 그런데 갑자기 하늘이 어두컴컴해지면서 빗방울이 앞유리창에 떨어졌어. 수염왕은 길옆 공터에 차를 세웠어.

"창문에 비가 한 방울씩 떨어지는구나. 음~ 분위기 좋고!" 라는 말이 끝나기가 무섭게 후두두둑 요란한 소리를 내며 비가 사정없이 쏟아졌어.

"엥? 이게 뭐야? 하늘에서 샤워기라도 틀었나? 갑자기 무슨 물이 이렇게 쏟아지는 거야?"

수염왕은 창밖으로 목을 쭉 빼고 하늘을 살폈어. 검은 구름이 두껍게 온 하늘을 뒤덮고 있어. 장마가 시작된 거야.

"우리 꼬불꼬불나라는 아직 장마가 올 때가 아닌데 말이야. 이것이 바로 지구 온난화로 인한 기상이변이구나. 요즘은 날씨를 예

측할 수가 없네."

수염왕은 얼마 전만 해도 온난화 여사와 함께 지구온난화를 막아야 한다고 토론하고 환경보호 운동을 하며 지냈던 기억이 하나둘 떠올랐어.

'아, 온난화 여사! 때 이른 장맛비를 보니 온난화 여사가 보고 싶소.'

'후울쩍' 수염왕은 눈물인지 콧물인지 모를 것을 삼켰어. 그러자 세바스찬이 수염왕의 바지에 얼굴을 문지르며 꼬리를 살랑살랑 흔들었어.

"오 그래, 세바스찬. 나는 네가 있으니 완전히 혼자는 아니야. 내가 개의 소리를 알아들을 수는 없지만 말이다. 그러나저러나 비가 많이 오는데 운전을 하는 것은 위험하겠지? 비가 그칠 때까지 이곳에서 쉬자꾸나."

수염왕은 따뜻한 차를 끓였어. 비가 오니 몸이 오슬오슬 추워졌거든.

"가만있자. 그렇다고 아무것도 안 하고 있으면 시간 낭비지. 나 수염왕은 시간을 낭비하지 않는 합리적인 사람이야. 좋아, 안경샘에게 선물 받은 《꼬불꼬불나라의 지리》를 완전 정복하겠어."

　수염왕은 식탁에 앉아 차를 마시며, 안경샘에게 뺏은 《꼬불꼬불나라의 지리》를 처음부터 하나씩 읽었어.
　"그렇구나. 지형에 따라 그곳에 사는 사람들의 모습도 영향을 받는구나. 평야지형에는 논농사를 짓거나 도시가 발달하고."
　수염왕은 대장간마을과 똘똘이마을에서 만난 사람들을 떠올렸어. 의자에 앉아 바닥에 닿지 않는 짧은 다리를 앞뒤로 까딱까딱 흔들며 조금씩 책에 빠져들었지.

"이 개천이 '용나는개천'이군."

수염왕이 파란색 줄을 짚었어. 줄 옆에는 '용나는개천'이라 적혀 있었어.

"세바스찬, 개천은 시내보다는 크고 강보다는 작은 물줄기를 말하는데 '시내'와 비슷한 말이야. 잘 기억하거라. 나 혼자 공부를 하면 재미없으니까 앞으로는 너도 함께 배우자구나. 쪽지시험도 볼 것이니 복습도 꼭 해야 한다, 알았지?"

수염왕이 지도를 세바스찬에게 보여주며 말했어. 세바스찬은 하품하며 눈을 껌벅였어.

"오! 이 용나는개천은 대장간마을의 산에서 시작되었구나. 개천을 계속 따라가면……. 우와, 이 개천이 물넘쳐강으로 흘러들어 가잖아? 이건 정말 대단한 일이다, 세바스찬. 대장간마을의 깊은 산에서 퐁퐁 솟아나온 물이 꼬불꼬불한 물길을 만들며 흘러가면서 물의 양이 점점 불어나서 이 용나는개천이 되고, 다시 여러 시내와 개천이 모여 물넘쳐강이 되다니. 헥헥헥, 한 번에 이어서 말하려니 숨이 차구나. 앗, 물넘쳐강이 홍수마을을 지나 바다까지 이

어지잖아. 오, 놀라워라!"

수염왕이 갑자기 노래를 흥얼거렸어.

"바윗돌 깨뜨려 돌덩이, 돌덩이 깨뜨려 돌멩이, 돌멩이 깨뜨려 자갈돌, 자갈도 깨뜨려 모래알. 도랑물 모여서 개울물, 개울물 모여서 시냇물, 시냇물 모여서 큰 강물, 큰 강물 모여서 바닷물. 랄랄랄라라랄랄라~ 랄랄랄라라랄랄라♪ 오늘은 노래도 술술 나오고, 지리 지식도 머리에 쏙쏙 들어오는구나."

수염왕이 책장을 넘기며 말했어.

수염왕은 《꼬불꼬불나라의 지리》를 보며, '시간을 나누는 선이 있다고? 음, 그렇군.'이라고 혼잣말을 중얼거리기도 하고 고개를 끄덕이고, 때때로 책에 조그맣게 메모를 하기도 했어. 독서에 집중한 나머지, 얼굴이 책에 닿을 지경이었지.

"앗, 이건 너무 신기한걸? 그래, 당장 실험해 보자. 세바스찬 따라오너라."

책을 읽다 말고 수염왕이 벌떡 일어나 화장실로 달려갔어. 침을 질질 흘리며 졸던 세바스찬이 깜짝 놀라 수염왕을 따라 달려갔어.

수염왕은 긴장해서 변기를 뚫어지게 봤어.

"세바스찬, 지구는 북반구와 남반구로 나눌 수 있다. 네 수준으

로 쉽게 말하면, 지구는 공처럼 생겼는데 위아래를 둘로 나누어서 위쪽을 북반구, 아래쪽을 남반구라고 하지. 둘을 나누는 선을 적도라고 한다는구나. 북쪽 끝이 북극곰이 사는 북극, 남쪽 끝이 황제펭귄이 사는 남극이래. 여기까지는 재미가 없지? 그런데 말이다, 지구가 스스로 빙글빙글 도는 자전 때문에 남반구와 북반구에서 회오리의 방향이 서로 반대라는 거야. 신기하지?"

수염왕이 눈을 반짝이며 세바스찬을 보았어.

"자, 이제 그 말이 정말인지 실험을 하겠노라. 우리는 지금 북반구에 있으니 이 변기의 물을 내리면 물이 요롷게 요롷게 회오리를 만들며 아래로 내려갈 거야. 남반구에서는 반대 방향으로 회오리가 만들어진대. 잘 보아라. 자, 물을 내린다!"

수염왕이 변기 물을 내리자, 정말로 변기 물이 오른쪽으로, 시곗바늘이 도는 것과 반대 방향으로 회오리를 만들었지.

"아, 재밌다, 재밌어. 그리고 지금 우리는 초여름이지만 남반구에는 초겨울이래. 신기하지? 남반구에는 눈이 올지도 모른다고. 아, 눈을 보고 싶다. 그리고 내가 싫어하는 슬그머니나라는 지금 오후 2시라는구나. 우린 1시인데 말이야. 이 책에 따르면 말이다,

슬그머니나라가 우리 꼬불꼬불나라보다 동쪽에 있어서 그렇다는구나."

수염왕은 손뼉을 치며 팔짝팔짝 뛰었어.

"좋아, 다음엔 어떤 재밌는 얘기가 있는지 저 책을 마저 다 읽어야겠어. 지도 위에 그려진 가로, 세로줄의 정체도 밝혀내야지. '지리'를 알면, 당연한 줄 알았던 것들에 다 이유가 있다는 것을 알게 되는구나. 즉, '유식'해지는 거지! 돈 많고 착하고 유식하기까지 한 수염왕! 으하하!"

수염왕은 신나서 다시 책을 읽으러 달려갔어.

"우와와와와! 세바스찬 이것 좀 봐라. 세상에 이럴 수가! 우리 꼬불꼬불나라에 공룡이 살았다는구나."

수염왕은 가슴이 뛰었어. 거대한 공룡, 특히 수염왕이 좋아하는 트리케라톱스가 거대한 뿔을 앞세우고 늠름하게 걸어와 호수의 물을 마시는 모습, 그 옆에는 마이아사우라의 새끼들이 어미의 보호를 받으며 물을 마시고, 호수 안에는 거대한 악어가 눈을 번뜩이며 먹이를 노리고…….

"다음엔 공룡의 흔적을 찾을 거야, 온난화 여사를 먼저 찾고."

수염왕은 감격에 겨워 몸을 부르르 떨었어.

이렇게 닷새가 지났어. 검은 구름 사이로 희끗희끗 햇살이 비치는 듯싶더니, 줄기차게 퍼붓던 빗줄기가 약해졌어.

"마침 《꼬불꼬불나라의 지리》도 다 읽었으니, 얼른 홍수마을로 출발하자."

수염왕은 봉봉차를 운전했어. 길 아래로 흙탕물로 변한 물넘쳐강이 거세게 흘렀어.

"길옆에 웬 바위지?"

길옆에 커다란 바위가 우뚝 서 있었어. 그런데 수염왕의 차가 점점 다가가자 그 바위가 움직였어. 엄지손가락을 세운 채 팔을 올리는 거야. 세바스찬은 그 바위를 보며 계속 짖었어. 수염왕이 자세히 바위를 보니 글쎄, 바위가 아니라 덩치가 산만한 남자가 우뚝 서 있는 거야. 검은 우비를 입고 우뚝 서 있는 남자는 무서워 보였어. 그 사람은 지나가는 차를 얻어 타려고 기다리는 것 같았지.

수염왕은 그 남자를 태워주기 싫어서 모른 척 지나쳤어. 세바스찬이 수염왕과 그 남자를 번갈아 보며 계속 짖었어. 마치, '새 사람'이 되겠다던 맹세를 기억하라는 듯이 말이야. 수염왕은 남자를 되돌아보았어. 그 남자는 여전히 비를 맞으며, 자신을 태워줄 차

를 기다리고 있었지.

'무섭다, 위험할지도 몰라. 게다가 비를 쫄딱 맞은 사람을 차에 태우면 내 봉봉차가 더러워질 거야. 내 깨끗한 차.'

하지만 수염왕은 남자를 봉봉차에 태워줬어.

"아이코! 내가 아저씨를 못 보고 지나쳤네. 얼른 타요. 차에 흙 떨어지지 않게 깔개에 발을 꼼꼼하게 털고 수건으로 빗물도 잘 털고."

푹 눌러쓴 우비 모자 아래로 남자의 눈이 번쩍였어. 수염왕은 긴장해서 침을 꼴깍 삼켰어. 남자는 천천히 수염왕의 차에 타더니, 수염왕의 손목을 덥석 잡았어.

"오오, 고맙습니당! 제가 오랫동안 비를 맞아서 그만 감기에 걸렸습니당. 콧물이 들락날락했답니당. 아차차, 제 소개부터 해야지용. 저는 윤미소입니당. 대장간마을 아래에 있는 부채꼴마을이 고향입니당."

윤미소는 커다란 몸과는 달리, 소녀처럼 가늘고 높은 목소리로 말했어. 우비를 벗은 남자는 커다란 찐빵처럼 하얗고 동글동글했어. 연신 눈웃음과 미소를 짓는 남자를 보며, 수염왕은 당황했지만, 한편으로는 마음이 놓였지.

"그런데 어디로 가시오? 난 홍수마을로 가는 길인데."

"저도 같이 홍수마을에 가면 안 될까용? 사실 저는 갈 곳이 없어용."

이렇게 해서 수염왕과 윤미소는 함께 홍수마을로 향했어.

지구를 위아래로 나누는 선이 적도라고요? 그럼 지구에 줄이 그어져 있는 건가요?

지도나 지구본에는 적도라는 선이 그려져 있지만, 실제로 지구에 줄이 그어져 있는 것은 아니야. 적도는 사람들이 필요해서 정한 선일 뿐이지. 지구의 기후는 위아래가 거의 대칭을 이뤄. 마치 종이에 물감을 짜고 반으로 접어서 만드는 데칼코마니처럼 말이야. 그래서 그 기준선을 적도라고 정한 거야. 적도를 기준으로 지구가 위아래로 나뉘는 거지. 수염왕이 공부한 대로, 적도의 위쪽을 북반구라고 하고 적도의 아래쪽, 남쪽을 남반구라 해. 북쪽 끝을 북극, 남쪽 끝을 남극이라고 하고 말이야.

그리고 적도와 평행 되게 그리는 선을 위선(위도)이라고 해. 위선은 적도를 기준으로 북쪽으로 올라가는 위선, 남쪽으로 내려가는 위선이 있어. 적도를 중심으로, 위선(위도)에 따라 기후가 달라진단다.

예를 들어, 대한민국은 적도를 기준으로 북쪽, 북반구의 중간쯤에 있어. 정확하게는 북위(북쪽 위도) 33~43도 사이에 있지. 그리고 우리나라는 사계절이 있는 온대기후이지. 적도에 가까울수록 더워지고 멀어질수록 추워져. 그래서 적도에서 가장 먼 북쪽 끝과 남쪽 끝이 북극, 남극인 거야.

그러니까 세계지도에 가로로 그려진 선을 위선(위도)라고 하는군요. 그런데 지도에는 세로선도 많이 있어요. 이 세로선은 무엇인가요?

짝짝짝. 정말 대단한 관찰력인데. 맞아, 지도에는 가로, 세로선이 다 있어. 여러분이 잘 알고 있는 대로, 가로선은 위선(위도)야. 그리고 세로선을 경선(경도)라고 하지. 경선은 북극과 남극을 직선으로 이어서 그려. 그런데 경선도 위선처럼 지구에 실제로 그어진 선은 아니야. 경선는 지구의 시간을 나누기 위해 사람들이 만든 기준선이지.

위선의 기준이 적도인 것처럼 경선을 나누는 기준도 있어. 바로 영국에 있는 그리니치천문대를 지나는 세로선이 그 기준이야. 다시 말해 경선은 그리니치천문대를 지나는 세로선을 기준으로, 얼마나 동쪽이나 서쪽에 있는지를 나타내는 선인 거지. 그리니치 천문대를 기준으로 동쪽으로 갈수록 1시간씩 빨라지고 서쪽으로 갈수록 1시간씩 느려지지. 지구가 스스로 한 바퀴를 돌면, 하루가 지나는 거지? 하루는 24시간이니까 경선들로 24시간을 표시해야 하고. 그래서 지도에는 24개의 경선이 있지. 또 지구는 원이라 360도이니까, 24개의 경선이 15도마다 하나씩 있

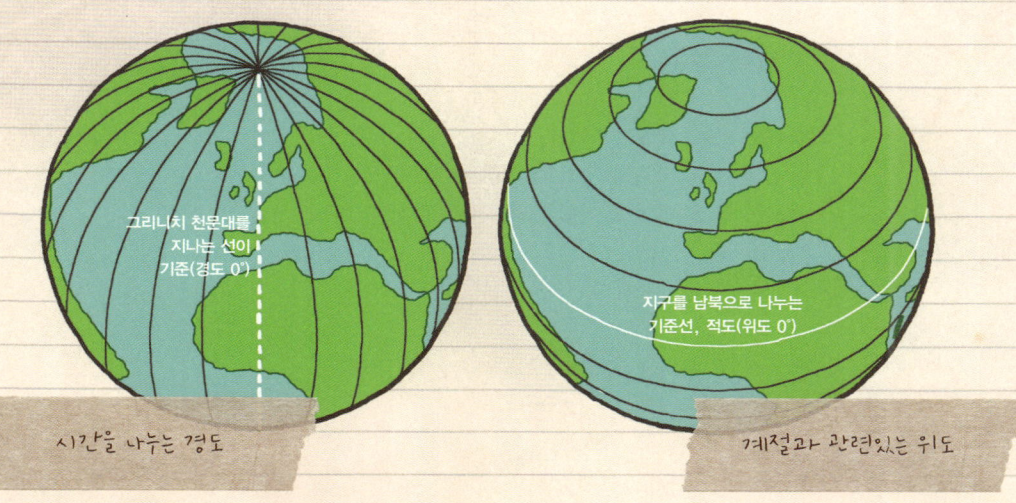

지. 좀 복잡하게 보이지만 사실은 아주 간단해.

경도에 따라 시간이 어떻게 나뉘는지를 우리나라를 예로 알아볼까? 대한민국은 그리니치천문대를 기준으로 동쪽으로 대략 124~132도에 있고 9번째 경선에 속하지. 그래서 대한민국은 영국보다 9시간이 빠르단다.

수염왕의 지리 노트

지도에는 가로, 세로선이 있다.
가로선을 위선이라 하고, 위선에 따라 기후가 달라진다.
세로선은 경선이라 하고, 경선에 따라 시간이 달라진다.
(흥! 시간의 기준선이 영국에 있다니, 기분 나빠! 우리 꼬불꼬불나라를 기준으로 시간을 정하라, 정하라, 정하라!)

7
홍수마을이라니, 너무 불길해

― 하천 지형

　촤아아. 수염왕의 봉봉차는 물넘쳐강의 자연제방 위에 있는 길을 달렸어. 자연제방 아래로 물넘쳐강이 소용돌이치며 빠르게 흐르고 있어. 홍수마을에 들어갈수록 강물은 점점 더 많이 자연제방을 넘어왔어.

　"더는 못 들어가겠어. 홍수로 난리가 나는 이런 곳에 행복의 꽃이 있을 것 같지도 않고."

　물넘쳐강에 물이 불어나면서 강물이 자연제방 위로 넘쳐왔어. 어디가 자연제방 위의 도로인지, 물넘쳐강인지도 구분하기 어려웠어. 수염왕은 당장 홍수마을을 떠나기로 했어.

　"저는 여기서 내릴게용. 차에 태워주셔서 정말 고마워용. 은혜는 꼭 갚을게용."

　윤미소가 머리가 바닥에 닿을 듯 인사하고 차에서 내렸어.

"홍수가 나서 난리인데 이런 곳에서 내린다고? 그러다 다치면 어쩌려고? 하긴 자네 덩치를 보면 물에 떠내려갈 것 같지는 않지만."

수염왕은 윤미소를 말렸어. 윤미소 뒤로 홍수마을 사람들이 보였어. 홍수마을은 자연제방 뒤의 배후습지에 있어. 자연제방을 넘어온 강물이 배후습지를 물에 잠기게 했어. 물에 잠긴 집에서 살림살이를 꺼내 지붕으로 옮기는 사람, 지붕에서 구조를 기다리는 사람, 고무보트를 타고 피난을 하는 사람들이 보였어.

"저희 할머니가 항상 말씀하셨어용. 도움이 필요한 사람을 그냥 지나치지 말라고용. 그래야 제가 어려울 때, 도와줄 사람이 있을 거 아니냐고용. 오늘도 수염왕님이 저를 도와주셨잖아용."

윤미소는 마을 속으로 들어갔어. 수염왕은 그냥 떠나자니 윤미소에게 민망하고 흙탕물에 잠긴 홍수마을에 머무는 것도 내키지 않았어.

"기다려, 나도 같이 가자고. 정말 귀찮은 친구구먼."

수염왕은 윤미소를 따라나섰어. 옆에선 세바스찬이 열심히 개헤엄을 치며 따라왔어.

누르스름한 물에선 묘한 냄새가 났어. 괜히 윤미소를 따라왔다

고 후회를 하려는 순간, 갑자기 강물이 파도처럼 달려들었어.

"사람 살려!"

수염왕은 강물에 휩쓸리고 말았어. 물넘쳐강물은 자연제방을 넘쳐 배후습지로 쏟아져 들어가고, 수염왕과 세바스찬은 강물에 휩쓸려 물넘쳐강으로 빨려 들어가고 있었어. 수염왕은 허우적대다 간신히 전봇대를 붙잡았어. 옆에서 개헤엄을 치던 세바스찬은 삽시간에 멀리 떠내려갔어.

"세, 바, 스, 찬!"

수염왕이 목 놓아 세바스찬을 불렀어. 세바스찬은 수염왕에게 다가오려고 했어. 하지만 아무리 열심히 네 다리를 허우적대도 거센 물에 떠밀려 내려갈 뿐이었어. 세바스찬의 머리가 물에 잠겼다가 뜨기를 반복했어. 수염왕의 눈에서 눈물이 주르륵 흘렀어.

"힘내거라, 세바스찬. 내가 너를 구하러 가마!"

수염왕이 물속으로 뛰어들려는 순간, 윤미소가 수염왕을 잡았어.

"여기서 기다리세용. 제가 세바스찬을 데리고 올게용."

윤미소는 세바스찬에게 천천히 다가갔어. 위에서 돼지, 고양이, 나무 문짝, 나뭇가지와 밥그릇 그리고 엄청난 쓰레기가 떠내

려왔어. 윤미소는 양어깨에 돼지와 세바스찬을 지고 머리에 고양이를 매단 채 길가에 있는 집으로 천천히 다가갔어. 먼저 고양이가 날쌔게 그 집 지붕으로 달려가고 이어서 세바스찬도 지붕으로 올라갔어. 윤미소가 힘껏 돼지를 밀어 올리자 돼지도 뒤뚱거리며 지붕으로 올라갈 수 있었어. 윤미소는 다시 수염왕이 매달린 전봇대로 돌아와서 수염왕을 업고 세바스찬이 기다리는 집으로 한 걸음씩 힘겹게 걸었어. 미끄러운 지붕을 겨우 기어오른 수염왕과 윤미소는 기진맥진하고 말았어. 지붕에 누워 숨을 골랐지.

얼마나 시간이 지났을까, 구명보트가 다가왔어.

"여기에 타세요. 천천히, 조심해서요."

노란 구명조끼를 입은 사람들이 수염왕과 윤미소, 동물들을 보트에 태워서 피수대로 데리고 갔어. 피수대는 범람원에 사는 사람들이 홍수를 피하려고 땅을 높게 쌓은 곳이야. 수염왕은 의료자원봉사대가 임시 병원을 만든 천막에 도착해서 수인성전염병 예방주사를 맞았어. 지저분한 물 때문에 전염병이 걸릴 수도 있으니까. 구조대원들이 홍수 속에서 구조한 사람들이 임시 숙소에서 쉬고 있었어. 수염왕도 주사를 맞은 자리를 꼭 누른 채, 세바스찬을 데리고 숙소로 향했어. 그런데 윤미소가 보이지 않았어. 수염왕은

주변을 둘러보았어. 자원봉사자 사이에서 노란 구명조끼를 입은 윤미소가 보였어.

"강물이 자연제방을 넘어서 배후습지에 만든 논을 덮쳤대용. 얼른 자연제방을 더 높이 쌓아서 더는 물이 넘어오지 못하게 해야 죵. 마을과 논에서 물도 빼고용."

"그건 이 마을 사람들에게 맡기고 자네는 빠져. 위험할지도 몰라."

그때, '출발합시다!'라는 소리가 들렸어. '파이팅'을 외치는 소리도 들렸지. 수염왕도 얼떨결에 자원봉사자들 무리에 섞여 소리를 질렀어. 정신을 차렸을 때는 이미, 열심히 자연제방에 흙을 담은 자루를 쌓고 있었지.

'헉! 내가 지금 뭘 하는 거지? 난 허리도 약한데, 이곳은 우리 마을도 아닌데 말이야.'

수염왕은 후회했어. 하지만 다시 정신을 차렸을 때는, 배후습지의 논에 고인 물을 빼는 호스를 들고 있었지.

'귀신이 곡할 노릇이군, 내가 지금 뭘 하는 거야?'

밤이 깊어, 자원봉사자들은 임시숙소에서 '음식 지원 자원봉사

자'들이 만든 저녁을 먹었어.

"홍수마을 사람들이 이렇게 힘들게 사는 줄은 몰랐어. 내가 왕이었을 때 홍수마을 사람들을 위해서 댐을 만들고 빗물이 마을에 고이지 않고 잘 빠지도록 배수 시설도 잘 만들어 주는 건데."

수염왕은 후회했어. 하지만 이내 고개를 저었어.

"아니지, 아니야. 어차피 내 재산으로 홍수마을을 위해 물넘쳐강에 댐을 세우고 있으니까 나는 나쁜 사람이 아니야, 그럼!"

"물넘쳐강에 댐을 만드는 걸로 홍수를 완전히 막을 수는 없대요용. 전에 우리 마을에 찾아온 환경운동가가 그랬어용."

옆에서 윤미소가 말했어.

"장마 때 댐의 수문을 열면, 댐에 저장된 물이 몰려 내려가서 홍수마을에 더 큰 홍수가 날 수도 있다고용. 저희 마을이 물에 잠기는 것도 안타까워하셨지용. 음, 그분 이름이 뭐더랑?"

윤미소가 검지를 입에 대고 곰곰이 생각하다 "맞아, 온난화 여사님."이라고 불쑥 내뱉었어.

"그래. 온난화 여사의 고향인 고추마을도 댐 때문에 물에 잠겼거든."

수염왕이 고개를 끄덕이다 말고 갑자기 소리를 질렀어.

"뭐, 뭐, 뭐라고? 온난화 여사……? 그, 그 온난화 여사는 어디에 계신가? 온난화 여사 말이야."

수염왕은 윤미소의 어깨를 움켜잡고 흔들었어. 윤미소의 머리가 앞뒤로 덜렁덜렁 흔들렸어. 윤미소가 말했어.

"몰라용. 죄송해용."

이야기들을 읽다 보니, 물넘쳐강에 대한 이야기가 많은 것 같아요. 물넘쳐강과 홍수마을은 어떤 관계가 있나요?

홍수마을은 하천 지형이야. 하천(강, 시내, 개천 같은 물줄기)이 만든 지형이지. 수염왕이 《꼬불꼬불나라의 지리》에서 찾은 것처럼, 대장간마을에서 시작된 작은 물줄기는 아래로 흐르면서 다른 물줄기들과 만나 용나는개천으로 커졌어. 용나는개천은 다시 아래로 흐르면서 다른 물줄기들과 만나는 물넘쳐강이 되었지. 이 물줄기들 주변엔 하천 지형이 만들어져.

하천은 아주 힘이 세단다. 그래서 하천은 땅의 모양, 지형을 바꾸지. 하천은 흐르면서, 강 주변과 강바닥을 깎아서 흙과 모래로 만들어(침식작용). 그리고 그것들을 아래로 실어 나르지(운반작용). 그리고 강물의 속도가 느려지는 강 하류에 흙과 모래 등을 쌓는단다(퇴적작용).

하천 지형은 크게 침식 지형과 퇴적 지형을 만드는데, 계곡은 하천이 만든 대표적인 침식 지형이야. 하천이 산처럼 경사가 급한 곳을 흐르며 땅을 깎아서 계곡을 만들지. 퇴적 지형은 하천의 흙과 모래가 쌓여서 만들어. 선상지와 범람원, 삼각주가 퇴적 지형이야. 똘똘이마을에 대해 알아봤을 때, 평야지형에는 침식분지와 퇴적평야가 있다고 했지? 선상지와 범람원, 삼각주는 하천이 만든 하천 지형이면서 하천이 쓸고 온 흙과 모래가 쌓인 퇴적평야인 거지.

참, 물넘쳐강과 홍수마을이 어떤 관계냐고 물었지? 이제는 다 알겠지만, 홍수마을은 물넘쳐강이 싣고 온 흙과 모래가 쌓여 만들어진 범람원이야.

퇴적 지형인 선상지, 범람원, 삼각주

 범람원에 대해 조금 더 알려 주세요. 자연제방, 배후습지, 피수대라는 말도 알고 싶어요.

'범람'이라는 말은 '넘쳐흐른다'는 뜻이야. 범람원은 물이 넘쳐나는 곳이라는 말이지. 홍수마을은 비가 많이 오면, 강물이 불어나서 강 주변으로 넘쳐나는 범람원이지. 그런데 강물이 범람할 때, 강물 속에 있던 모래, 흙, 자갈 등도 같이 강 밖으로 쏟아져 들어가지.

작고 가벼운 흙은 강 멀리까지 퍼져. 이 흙이 쌓인 곳을 배후습지라

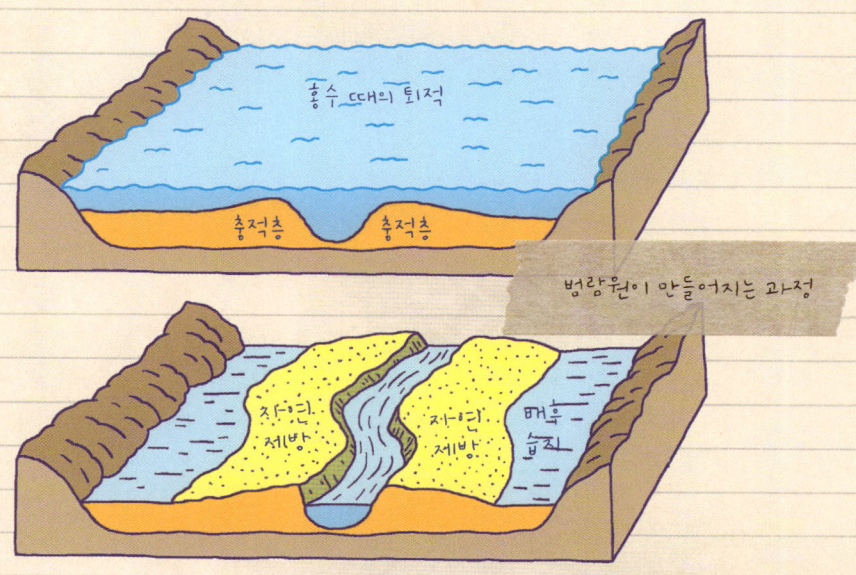

범람원이 만들어지는 과정

고 해.

　모래와 자갈은 무거워서 멀리 가지 못하고 강 양쪽에 둑처럼 높게 쌓이는데 이곳을 자연제방이라고 한단다.

　배후습지는 흙이 곱고 물기도 많아서 논농사를 짓기 좋아. 자연제방은 모래와 자갈 때문에 물이 잘 빠져서 밭농사나 과수원을 만들거나 집을 짓고 길을 만들기도 해.

　그리고 피수대(돈대)는 홍수를 피할 수 있게 높게 땅을 쌓은 곳이야. 범람원에선 홍수 피해를 막기 위해서 땅을 높게 쌓은 뒤에 집을 짓기도 하고, 홍수를 피하려고 땅을 높게 쌓은 피수대를 만들기도 해.

수염왕의 지리 노트

범람원은 강물이 넘칠 때 강 주변으로 넘친 흙과 모래, 자갈이 쌓인 곳이다.
범람원은 자연제방과 배후습지로 이루어져 있다.
자연제방은 천연 둑처럼 강 주변에 쌓이고 배후습지는 논농사를 짓기 좋다.
(강물이 넘치지 않게 둑을 만들려면 돈이 들어. 그런데 자연제방은 공짜로 둑 역할을 하니 참 좋군!)

8

내 행복의 꽃은 무엇일까?

– 퇴적 지형

다음날, 수염왕은 홍수마을을 떠나 삼각마을로 출발했어. 삼각마을은 대장간마을에서 시작된 물넘쳐강이 부채꼴마을, 중심마을, 홍수마을을 지나며 만나는 곳이야. 물넘쳐강에 쓸려온 흙이 쌓인 충적평야가 넓게 펼쳐진 곳이지.

"그래, 사람은 자고로 이렇게 넓은 곳에서 여유롭게 지내야지."

수염왕의 마음을 읽기라도 하듯, 어디선가 말소리가 들렸어.

"누, 누구야?"

수염왕은 깜짝 놀라 뒤를 돌아봤어.

"우린 삼각마을에 사는 사람들이야. 자네 차에 좀 태워주지 않겠나?"

할머니 할아버지가 봉봉차의 폭신한 의자에 앉아 미소 지었어.

"이미 타셨잖아요!"

수염왕이 소리쳤어.

"허허허. 그렇구먼. 자, 그럼 우리 집으로 출발!"

할아버지가 수염왕의 옆자리에 앉으며 외쳤어. 마치 기차를 운전하는 기관사나 배를 모는 선장 같았지. 수염왕은 어이가 없었어.

"기사 양반, 우리 영감님이 '출발'이라잖아요. 젊은 사람이 이렇게 귀가 어두워서야 원."

"난 당신이 정월 대보름마다 귀밝이술을 해줘서 지금도 토끼처럼 귀가 밝지."

할아버지가 웃으며 할머니에게 한쪽 눈을 찡긋 감아 보였어.

"그러니까 두 분의 집이 어디인지 알아야 모셔다 드릴 거 아니에요?"

"내가 세우라고 말할 때 세우면 돼. 그나저나 뭐 먹을 것 좀 없나? 배가 고파."

수염왕의 말에는 관심도 없는 듯이 할아버지가 말했어.

"영감. 이리 오세요. 제가 벌써 꼬불꼬불면을 끓이고 있어요."

"허허허, 역시 당신이 최고야. 내가 50년 전에 장가를 참 잘 갔단 말이야. 자네는 점심을 나중에 먹고 지금은 운전만 하게."

할아버지가 꼬불꼬불면을 쩝쩝 씹으며 수염왕에게 말했어.

'뭐라고? 허락도 없이 내 차에 타더니, 마음대로 내 음식을 먹고, 이제는 운전만 하라고? 기가 막히는군. 아니지 아니야. 얼른 저분들을 집에 모셔드려야 떼어놓을 수 있어."

수염왕은 봉봉차를 더 빨리 운전했어.

쿵 덜컹. 봉봉차가 길 위에 놓인 크고 날카로운 돌에 걸려서 길 옆의 논두렁에 빠지고 말았어.

"어쩌지, 차가 꼼짝도 않네. 차바퀴도 이상이 있는 것 같고."

수염왕은 당황했어. 차를 빼려고 할수록 바퀴는 점점 더 깊이 빠져들었어.

"젊은이, 첫째도 안전운전, 둘째도 안전운전! 아무튼, 우리는 여기서 내릴 테니 조금 기다려보게."

할아버지와 할머니가 차에서 내렸어. 수염왕은 멍하니 두 사람의 뒷모습을 보았어.

"어머, 어르신. 여행은 잘하셨어요?"

논에서 일하던 마을 사람들이 몰려왔어.

"이 젊은이가 여기까지 우리를 태워줘서 편하게 왔어. 저 차는 자네들이 고쳐주게. 차를 고치는 동안 농사일을 좀 시키고."

할아버지가 수염왕을 가리켰어. 수염왕이 말할 사이도 없이 마을 사람들이 양쪽에서 수염왕의 팔을 잡았어.

"차는 걱정하지 마시오. 논에서 물은 뺐는데 아직 제초제를 못 뿌렸다오. 벼가 병들기 전에 서두릅시다."

"그다음엔 우리 집 농사도 도와줘요."

"싫어. 난 농사는 지어본 적도 없어."

"걱정 마시오. 우리가 알려줄 테니."

수염왕은 얼떨결에 마을 사람들의 손에 이끌려 논으로 향했어. 수염왕은 참 많이, 얼떨결에 일을 하는 것 같아.

장맛비가 고인 논에서 물을 빼자 쓰러진 벼가 많았어. 삼각마을 사람들은 쓰러진 벼를 세우고 한편에서는 병에 걸리지 않게 제초제를 뿌렸어.

수염왕은 밀짚모자를 쓰고, 긴 고무장화를 신고, 등에는 제초제 통을 지고, 마스크를 낀 채 열심히 제초제를 뿌렸어. 장마가 그친 하늘은 햇볕이 따가울 정도로 강했어. 뻘뻘 흐르는 땀을 레이스 수건으로 연신 닦으며 수염왕은 열심히 일했어. 그때 '새참 먹고 일해요.'라는 소리가 들렸지.

'새참? 새참이 뭐지? 이 동네는 참새를 새참이라고 부르나? 그

럼, 참새를 먹는다고?'

 수염왕이 고개를 갸웃하는 사이, 마을 사람들이 논두렁으로 모였어. 수염왕도 따라갔지.

 수염왕이 태워준 할머니와 마을 아주머니가 국수와 파전, 김치와 고추, 된장을 펼쳐놓았어.

 "힘들게 일하다 먹는 새참이 얼마나 맛있다고."

 할머니가 수염왕에게 국수를 내밀었어. 호박과 감자 몇 조각이 들어 있는 초라한 국수를 보았어. 살짝 국물을 마셔보았지. 오~ 꼬불꼬불면 만큼 맛있다! 수염왕은 후루룩후르륵 소리를 내며 순식간에 국수를 다 먹었어.

 "아이고, 힘들어서 다리가 후들거리네. 농사는 참 힘든 일이군."

 수염왕이 다리를 통통 치며 말했어.

 "우리 삼각마을은 물넘쳐강이 기름진 흙을 실어 와서 쌓인 삼각주에 있어요. 그래서 전국에서 땅이 제일 비옥하고 쌀도 제일 많이 생산되지요. 그것만도 참 감사한 일이죠."

 "그런데 요즘은 농사를 기계로 지어서 혼자서도 농사를 지을 수 있다고 하던데, 왜 이렇게 다 모여서 일을 하시오?"

"에이. 무슨 재미로 혼자 농사를 지어요? 이렇게 마을 사람들이 품앗이하면 일을 쉽고 재밌게 할 수 있는데."

"그럼 그럼. 농사짓는 사람들은 같이 일하고 같이 놀지. 마을 행사도 같이 하고."

마을 사람들이 환하게 웃었어. 수염왕도 농사일은 힘들었지만, 마을 사람들과 함께 일하는 게 즐거웠어. 참새인 줄 알았던 새참도 맛있었지.

어둑해질 무렵, 수염왕은 봉봉차에 올랐어. 할머니, 할아버지와 마을 사람들이 배웅을 나왔어.

"올해에 수확한 보리예요. 가지고 가요. 오늘, 고마웠어요."

할머니가 수염왕에게 신문지로 만든 봉투를 내밀었어.

수염왕을 태운 봉봉차가 삼각마을을 천천히 벗어났어.

"아차차! 삼각마을에서 행복의 꽃을 찾아봤어야 했는데, 행복의 꽃을 까맣게 잊고 있었네. 나도 참, 이런 보리쌀이나 받고는 기분 좋아했잖아?"

수염왕은 혼잣말하며 옆 좌석에 둔 보리쌀 봉투를 슬쩍 보았어.

"아앗! 이, 이, 이건."

수염왕은 비명을 지르며 봉봉차를 세웠어.

"온, 온, 온난화 여사!"

수염왕은 냉큼 보리쌀을 담은 신문지 봉투를 집어서 무서운 속도로 읽어 내려갔어. 온난화 여사가 해안마을에서 갯벌을 육지로 개발하는 데 반대하고 있다는 기사였어. 온난화 여사를 보자, 수염왕은 가슴에서 불꽃이 활활 타올랐어.

"그래, 보리쌀이면 어떻고 행복의 꽃이면 어때. 온난화 여사님만 볼 수 있다면!"

수염왕은 해안마을을 향해 힘차게 봉봉차를 몰았어.

강물 속에 섞여 흐르던 흙과 모래 따위가 쌓인 퇴적 지형이 헷갈려요. 범람원이랑 삼각주, 선상지는 뭐가 다른가요?

위에서 하천이 만든 퇴적 지형에는 선상지, 범람원, 삼각주가 있다고 했지? 선상지는 하천 상류에 만들어진 퇴적 지형이야. 산에 흐르는 물길은 폭이 좁아. 그래서 물살이 빠르지. 그런데 산을 통과한 물이 평평한 땅으로 나오면 물살이 느려져. 강물이 느려지면, 강물이 운반하던 흙,

김해평야

모래와 자갈 등이 쌓이겠지? 이 흙, 모래, 자갈 등은 산 아래에 부채꼴 모양으로 쌓이지. 그 지형을 선상지라고 하고.

범람원은 홍수마을에서 알아봤으니, 이번엔 삼각마을이 있는 삼각주를 알아볼까? 하천이 호수나 바다와 만나면 속도가 느려져. 선상지, 범람원과 마찬가지로 흙, 모래 등이 쌓이는데 이때 삼각형 모양으로 쌓인다고 해서 삼각주라고 한단다.

삼각주는 범람원보다 더 하류에 생기는데 강물이 아주 느린 곳이기 때문에 가장 고운 흙이 쌓여. 그리고 강물에 섞인 영양분도 많지. 그래서 삼각주는 농사짓기 아주 좋은 땅이야. 우리나라의 낙동강 하류에 있는 김해평야가 삼각주란다.

삼각마을에는 재밌는 풍습이 많은 것 같아요. 함께 일하는 품앗이도 재밌고, 정월대보름에 귀밝이술을 마시는 것도 재밌어요.

주로 농사를 지었던 우리나라에서는 일 년을 24개로 나눈 절기와 명절, 풍속 등이 농사와 연관이 많아. 위의 이야기에서 할아버지가 귀밝이술을 마시는 정월 대보름에는 한해 농사를 준비하며 논과 밭에 있는 해충과 쥐를 없애는 쥐불놀이를 해. 모내기가 끝나면 단오제가 있어서, 마

쥐불놀이

을 사람들이 함께 맛있는 음식을 먹고 즐겁게 놀지. 이것 외에도 아주 많아. 힘든 일을 마을 사람이 함께 나눠 하는 품앗이와 두레도 있지.

농촌에만 이런 민속이 있는 건 아니야. 바닷가 마을에선 험한 바다에서 안전하게, 물고기도 많이 잡도록 기원하는 풍어제를 지내지. 그 밖에도 다양한 민속들이 있어.

지금처럼 다양한 산업이 발달하지 않았던 조상들의 삶은 자연환경과 아주 밀접한 관계가 있어. 물론 지금도 우리의 민속과 생활은 자연환경, 지리와 깊은 관계가 있어. 그래서 '지리'를 알면, 우리의 생활을 알 수 있단다.

수염왕의 지리 노트

평야지형에는 퇴적 지형과 침식지형이 있다.
퇴적 지형은 하천이 운반한 흙, 모래 등이 쌓인 지형이다.
침식지형은 주변의 암석보다 무른 암석으로 된 땅이 많이 깎여서 만들어진 지형이다.

(똘똘이마을은 국그릇 모양의 침식분지, 즉 침식지형이야. 윤미소가 살던 부채꼴마을은 선상지, 홍수마을은 범람원, 삼각마을은 삼각주. 이건 모두 퇴적 지형이야. 오~ 나의 놀라운 기억력!)

9
오! 행복의 꽃이여!
-해안 지형

　　수염왕은 바닷가를 따라 난 길을 달려서 해안마을에 도착했어.

　　"이 바다는 리아스식 해안이라 꼬불꼬불하네. 아휴 정신없어. 그나저나 어디서부터 온난화 여사님을 찾는담?"

　　수염왕은 봉봉차를 세우고 주위를 둘러보았어. 마침 근처 갯벌에서 조개를 캐는 아주머니들이 보였어.

　　"이보시오, 온난화 여사님은 어디 계시오?"

　　"온난화 여사요? 글쎄, 그런 이름을 들어본 것도 같고 아닌 것도 같고."

　　아주머니들은 고개를 갸웃했어.

　　"혹시 그분이 우리 해안마을의 갯벌을 땅으로 바꾸는 간척사업을 반대했던 분인가요?"

　　한 아주머니가 알은체했어.

"오, 그렇지, 그렇지. 그 훌륭한 환경운동가가 어디 계시느냐고?"

"우리 해안마을의 갯벌이 얼마나 소중한 보물인지, 왜 갯벌을 보호해야 하는지 알려 주신 분."

"그분 덕분에 우리 염전도 지킬 수 있었지."

"우리가 지금 갯벌에서 조개를 캘 수 있는 것도 그분 덕이야."

아주머니들이 온난화 여사 얘기를 하자 수염왕은 조급해졌어. 온난화 여사가 어딘가에서 자신을 기다리고 있을 것 같았지.

"그러니까 그 온난화 여사님이 어디 계시느냐고?"

"온난화 여사는 간척사업을 막은 뒤에 다른 곳으로 떠나셨어요."

"엥? 떠났다고? 어디로 말이요?"

수염왕은 화들짝 놀랐어.

"저 바다 너머에 보이는 섬이 돌섬인데, 그곳도 관광지로 개발하네 마네 하며 난리예요. 그래서 온난화 여사가 돌섬으로 떠났다던데요?"

"바다 너머? 돌섬?"

수염왕은 스르르 다리에 힘이 빠져서 주저앉아 버렸어. 바다는

또 어떻게 건너라고!

"그 돌섬이란 곳은 어디로 가야 하나? 어디서 배를 타야 하지?"

"배는 무슨……. 조금만 기다리세요. 돌섬까지 걸어갈 수 있을 테니까요."

"내가 아무리 위대한 수염왕이라고는 해도 물 위를 걷지는 못해."

"지금도 바닷물이 빠지고 있으니 곧 간조예요. 그러면 돌섬까지 연결된 길이 드러나죠."

"오오오오오. 바닷물이 밀려가고 길이 나타난다고? 그건 기적이잖아!"

"호호호. 그래서 돌섬에 있는 마을 이름이 기적마을이잖아요."

수염왕의 심장이 쿵쾅쿵쾅 마구 뛰었어. 바다 위를 걷고, 온난화 여사도 만난다고? 오, 놀라워라!

한 시간 뒤, 수염왕은 바닷길을 달려 기적마을에 도착했어.

기적마을의 바닷가에 사람들이 모여 웅성거리고 있었어. 그 사이로 익숙한 목소리가 들려왔어. 온난화 여사와 환경운동가들이 마을 사람들을 설득하고 있었어. 어떤 환경운동가는 바위에 몸을

묶고 있었지. 마을 사람들 뒤엔 굴착기와 건설장비를 가득 싫은 트럭들이 둘러싸고 있었어.

"여러분, 이곳 돌섬은 세계에서 가장 아름다운 섬입니다."

"그러니까, 돌섬이 아름다우니까 관광지로 개발한다는 거 아니오?"

"자연은 한 번 훼손되면 회복하기 어렵습니다. 아무리 아름다운 곳이라도 마구 개발을 하면 금방 흉물이 됩니다."

"이곳은 돌로 된 섬이라 농사를 지을 수도 없고, 갯벌에서 조개를 캘 수도 없어요. 해녀들이 위험한 바닷속에서 조개, 해삼 등을 캐서 살았다고."

"요즘은 바닷물이 따뜻해지고 오염이 심해서 물고기도 잡히지 않습니다."

"맞아요. 우리가 잘살 방법은 돌섬을 관광지로 개발하는 것밖에 없어요. 그런데 왜 개발을 못 하게 하는 거예요?"

"돌섬에서 당장 나가시오. 우리 기적마을에서 나가라고요!"

기적마을 사람들이 온난화 여사와 환경운동가들을 몰아내려고 했어.

"여러분, 잠시만 저희가 하는 말을 들어 주세요. 저희는 무조건

개발을 반대하는 게 아닙니다. 더 주의해서 개발해야 여러분도, 돌섬도 피해를 보지 않는다는 겁니다."

"시끄러워요. 당장 나가요. 우리 마을 사람도 아니면서 참견하지 말라고요."

마을 사람들은 온난화 여사의 말을 들으려 하지 않았어.

결국, 온난화 여사와 환경운동가들이 물러났어.

온난화 여사가 실망한 모습을 보며, 수염왕은 안타까웠어.

"온난화 여사, 힘내시오! 내가 왔소!"

수염왕이 온난화 여사에게 외쳤어.

온난화 여사는 주위를 살피다 수염왕을 발견하고 함박웃음을 지었어.

"수염왕 씨!"

수염왕은 온난화 여사를 향해 달렸어. 세바스찬의 발에 걸려 넘어졌지만, 벌떡 일어나 다시 달렸어.

"온난화 여사, 기적마을 사람들이 온난화 여사의 진심을 몰라줘서 기분 나쁘지? 하지만 나를 만나서 기분이 확 풀리지?"

"푸하하하. 역시 수염왕 씨는 재미있는 분입니다. 잘 있었니, 세바스찬?"

온난화 여사가 세바스찬을 쓰다듬었어.

"그런데 이곳에는 무슨 일로 오셨어요?"

"온난화 여사를 만나……, 아니 행복의 꽃을 구하러 왔어."

"행복의 꽃요?"

"응, 하지만 지금은 행복의 꽃 따위는 관심도 없어. 아니 아니 이제 행복의 꽃을 찾았어."

'온난화 여사, 당신이 나의 행복의 꽃이거든.'

수염왕은 뒷말은 속으로 삼켰어.

온난화 여사는 그런 수염왕을 보며, 고개를 갸웃했어. 수염왕은 왠지 쑥스러워져서 얼굴이 빨개졌어. 그래서 얼른 딴소리를 했어.

"큼큼큼. 그런데 이곳 사람들은 왜 당신 말에 반대하는 거야?"

"저는 기적마을 분들을 잘 이해합니다. 그래서 기분이 나쁘지도 않고요. 아름다운 자연환경이 파괴될까 봐 걱정될 뿐이에요. 하지만 마을 분들이 무엇을 원하는지도 중요하지요."

"그래. 이제 환경보호 운동은 그만해. 나랑 같이 성실해 비서가 기다리는 중심마을로 돌아가자고."

"안 돼요. 환경보호는 아주 중요한 일이에요."

온난화 여사는 고개를 저었어.

수염왕은 실망했어. 그동안 얼마나 고생을 하며 온난화 여사를 찾아왔는데…….

"하지만 지금은 수염왕 씨와 함께 돌아가겠습니다. 더 중요한 일이 생겼으니까요."

온난화 여사는 수염왕을 보며 환하게 웃었어.

"정말? 좋아, 당장 출발하자고! 나의 멋진 봉봉차를 타고 출발!"

수염왕은 자리에서 펄쩍 뛰어올랐어. 세바스찬도 커다란 두 귀를 펄럭이며 뛰어다녔어.

"하하하하. 출발!"

온난화 여사도 두 팔을 번쩍 들며 함께 외쳤어.

텔레비전이나 신문에 갯벌에 대한 이야기가 많아요. 해안마을도 갯벌에 있는 마을인가요?

해안마을은 갯벌이 있는 바닷가 마을이야. '갯벌' 하면 바다를 떠올리는데, 사실 갯벌은 강가에도 있어. 참, 갯벌이 무엇인지부터 소개해야겠구나. 갯벌은 밀물일 때는 물에 잠겨서 안 보이다가 썰물일 때는 드러나는 넓고 평평한 땅을 말해.

예전엔 갯벌의 중요성을 잘 몰랐어. 그래서 갯벌을 농사짓는 땅으로 바꾸거나 사람이 사는 땅으로 바꾸는 간척사업을 했어. 바닷물을 막고,

갯벌

소금기를 뺀 땅에 흙과 돌을 부어서 농사지을 땅이나 사람이 사는 땅을 만든 거야. 하지만 간척사업을 하면, 갯벌에 살던 수많은 생물이 사라져 버리지.

갯벌은 아주 중요한 역할을 하고 있어. 어떤 역할을 하는지 소개할게.

- 갯벌은 육지에서 나오는 오염 물질을 걸러 바다로 보내준다.
- 갯벌은 퉁퉁마디(함초)와 칠면초 같은 식물과 조개, 게 등의 해양생물이 사는 곳이다.
- 갯벌은 바닷새의 보금자리이고 철새들이 머무는 곳이다.
- 갯벌은 바닷가 사람들이 갯벌에서 나는 다양한 먹을거리를 팔아 생활하는 곳이다.
- 갯벌은 소금을 만드는 염전이 있다.
- 태풍이나 높은 파도가 갯벌을 지나며 그 힘이 약해진다. 그래서 육지가 입는 피해가 줄어든다.
- 갯벌은 훌륭한 관광자원이다.

어때, 갯벌은 참 많은 일을 하고 있지? 특히 우리나라의 갯벌은 세계에서 다섯 손가락 안에 드는 중요한 갯벌이야. 다행히 최근에는 갯벌의 가치가 알려지면서, 갯벌을 보호하려고 노력하고 있어.

섬도 해안지형에 속하나요? 해안지형에 대해 알려 주세요.

해안은 바다와 육지가 맞닿은 곳이야. 해안지형은 바닷물이 쉬지 않고 밀려오고 밀려가면서 계속 지형을 바꾸고 있어. 그래서 다양한 해안지형이 발달했지. 육지가 바다 쪽으로 튀어나온 부분을 곶이라고 해. 반대로 바다가 육지 쪽으로 움푹 들어간 곳은 만이라 하지. 파도가 육지를 깎아서 만드는 해안침식 절벽과 해안침식 동굴도 있어. 우리나라 땅을

전라남도 완도군에 있는 다도해상국립공원

한반도라고도 부르지? 여기서 '반도'란 말은 삼면이 바다인 곳을 말해.

참, 섬도 해안지형에 속해. 우리나라는 섬이 3,153개나 있어. 그중에 섬이 많아서 다도(多島)해라고 불리는 바다에만 약 1,700여 개의 섬이 모여 있지.

수염왕의 지리 노트

해안지형은 바다와 육지가 만나는 곳에 만들어진 지형이다.
갯벌은 다양한 역할을 하는 소중한 곳이다.
(갯벌이 사라지면, 염전도 사라지지. 그럼 소금값이 금값이 되는 거 아닐까? 소금을 모아야겠어!)

지도에는 어떤 내용이 담겨 있을까요?

이것만 알아도 **지리 끝**

❶ 방위(방향)가 표시되어 있어요. 지도에는 4자 모양의 기호가 있는데, 4의 뾰족한 부분은 항상 북쪽을 가리켜요. 그 반대가 남쪽이고, 북쪽의 오른쪽이 동쪽. 그 반대쪽이 서쪽이에요.

❷ 어떤 장소의 크기를 알 수 있어요. 지도는 1:100,000, $\frac{1}{50,000}$처럼 숫자가 표기되어 있어요. 이것은 얼마나 실제의 크기를 줄여서 그렸는지(축척)를 나타내요. 그리고 지도에는 모두 cm(센티미터)로 되어 있어요. 그래서 지도의 1cm는 실제의 1cm와 달라요.

예를 들면, 1:50,000라고 적힌 지도에서, 지도의 1cm가 실제 땅으로 50,000cm라는 의미이지요.

❸ 지도는 작고, 또 어느 누가 봐도 알아볼 수 있게 다양한 기호를 사용해요. 기호는 점과 선, 면으로 표시하죠. 예를 들면, 지하철 노선도를 보면, ○은 역을 나타내고, 선은 지하철의 각 노선을 말해요. 또 선의 색깔은 지하철이 몇 호선인지 알려 줘요.

❹ 지도는 그 지역의 높낮이도 알려 줘요. 지도에는 등고선이 표시되어 있는데, 등고선은 높이가 같은 곳을 연결한 선이에요. 산처럼 높은

161

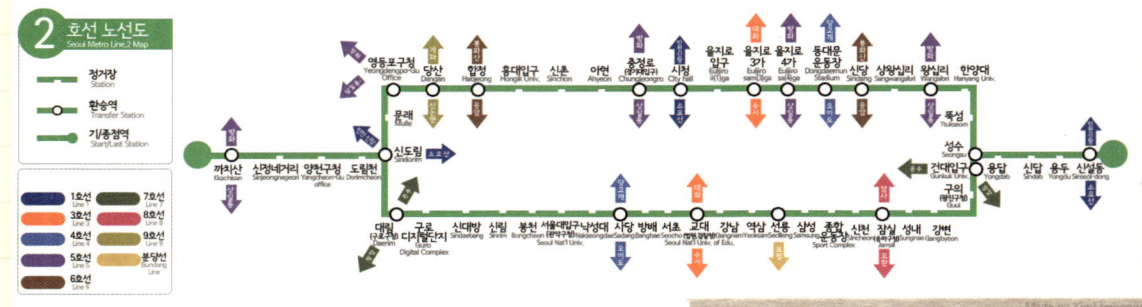

곳이나 계곡처럼 얕은 곳, 바다처럼 깊은 곳을 색깔과 등고선으로 표시하죠. 고도가 높은 높을수록 노란색에서 점점 짙은 갈색으로 표시하고, 들은 초록색, 바다는 깊을수록 진한 파란색으로 표시해요.

높이를 재는 기준선은 해발(바다의 표면)이에요. 그래서 한라산의 높이를 말할 때 해발 1,950m라고 말해요.

대한민국 땅의 높이를 재는 기준점은 인하공업전문대학(인천광역시 남구) 안에 있어요.

> 세계지도에서 적도와 위도, 경도를 찾아보세요.
> 그리고 대한민국이 어디에 있는지를 찾아보세요.

이것만 알아도 **지리 끝**

대한민국을 위도와 경도로 표시하면, 동경 125° 04′~131° 52′, 북위 33° 06′~38° 27′예요. 영국의 그리니치 천문대는 경도의 기준이에요. 그래서 그리니치 천문대가 있는 위치는 경도 0°이고, 대한민국의 위치는 경도 0°을 기준으로 동쪽(동경)에 있다는 거예요. 경도는 시간을 정하는

세계전도

기준인데, 경도 15°마다 1시간씩 달라져요. 대한민국은 경도 0°에 있는 지역보다 9시간이 빠르지요.

그리고 지구를 위아래로 나누는 기준선이 바로 적도(위도 0°)예요. 대한민국은 적도를 기준으로 북쪽(북위)에 있어요. 위도에 따라 기후가 결정되는데, 대한민국은 적도와 북극의 중간쯤에 있어서 온대기후에 속하지요. 온대기후는 여름엔 비가 많이 오고 덥고, 겨울은 춥고 가물어요.

이것만 알아도
지리 끝

대한민국은 어떻게 생겼을까요?

❶ 우리나라 지형은 흔히 '동고서저(東高西低)'라고 해요. 동쪽은 높은 산이 많아서 땅이 높고, 서쪽은 평야가 많은 낮은 땅이라는 뜻이에요. 그래서 지도에 높이(등고선)를 표시하는 색이 달라요. 동쪽은 지형이 높은 곳을 나타내는 갈색, 서쪽은 낮은 지형을 표시하는 녹색이 많지요.

❷ 동고서저이기 때문에, 높은 곳에서 낮은 곳으로 흐르는 하천도 주로 서쪽과 남쪽으로 흘러요.

실제 대한민국의 영토는 어디서부터 어디까지일까요?

이것만 알아도 **지리 끝**

영토는 한 나라의 주권을 행사할 수 있는 지역이에요. 대한민국의 영토는 다른 나라가 간섭할 수도 없고 침략해서도 안 되는 지역이지요. 영토는 육지뿐만 아니라, 바다(영해)와 하늘(영공)도 포함돼요. 해안에서부터 약 22km(킬로미터)까지의 바다가 대한민국의 영토이고, 대한민국의 육지와 바다 위의 하늘도 우리나라의 영토예요.

대한민국의 헌법에는 대한민국의 영토가 어디서부터 어디까지인지 분명하게 정해 있어요. 대한민국의 영토는 한반도 전체와 그에 속한 모든 섬이에요. 그런데 대한민국은 다른 나라들과는 다른, 특수한 상태지요. 한반도 안에 북한과 남한이 함께 있으니까요. 그래서 헌법에는 북한 지역도 대한민국의 영토에 포함되는 것으로 정해져 있지만, 실제 대한민국의 영토는 헌법의 내용과 달라요.

현재, 대한민국의 영토의 범위는 이래요. 동쪽으로는 경상북도의 울릉군의 독도에서부터, 서쪽으로는 전라남도 신안군의 소흑산도까지예요. 남쪽은 제주도 남제주군 마라도에서, 북쪽으로는 강원도 고성군 현내면 송현진까지가 대한민국의 실제 영토랍니다.

다양한 지도를 소개합니다

이것만 알아도
지리 끝

지도는 어디에 사용하는지에 따라 종류가 다양해요. 땅 위에 있는 것을 다 표현한 지도를 지형도라고 해요. 세계 전체를 그린 세계전도, 대한민국 영토 전체를 그린 대한민국전도, 지구본, 마을을 그린 그림지도나 해도, 항공도 같은 지도예요.

특별한 이유 때문에 만든 지도도 있어요. 도로 안내도, 관광지와 유적지를 중심으로 표시한 관광지도가 있어요. 지역에 따라 기온과 강수량이 어떤지 보여주는 기후도도 있지요.

❶ 지구본: 지구를 본떠서 작게 만든 모형이에요. 공처럼 생겼어요.

❷ 세계전도: 지구를 종이에 그려 펼쳐놓은 그림이에요. 둥근 지구를 납작하게 만들어서 평평한 종이에 그리기 때문에, 어떤 부분은 모양이 실제랑 달라요. 예를 들면, 지도

지구본

에서는 남아메리카 대륙과 그린란드의 크기가 비슷해 보지만, 실제로는 남아메리카 대륙이 그린란드보다 8배나 커요.

❸ 해도: 바다의 생태를 적은 항해용 지도예요. 바다의 깊이, 암초의 위치, 바닷물의 방향, 뱃길 등을 표시했어요.

❹ 인구분포도 : 어떤 지역에 인구가 얼마나 사는지를 표시한 지도입니다.

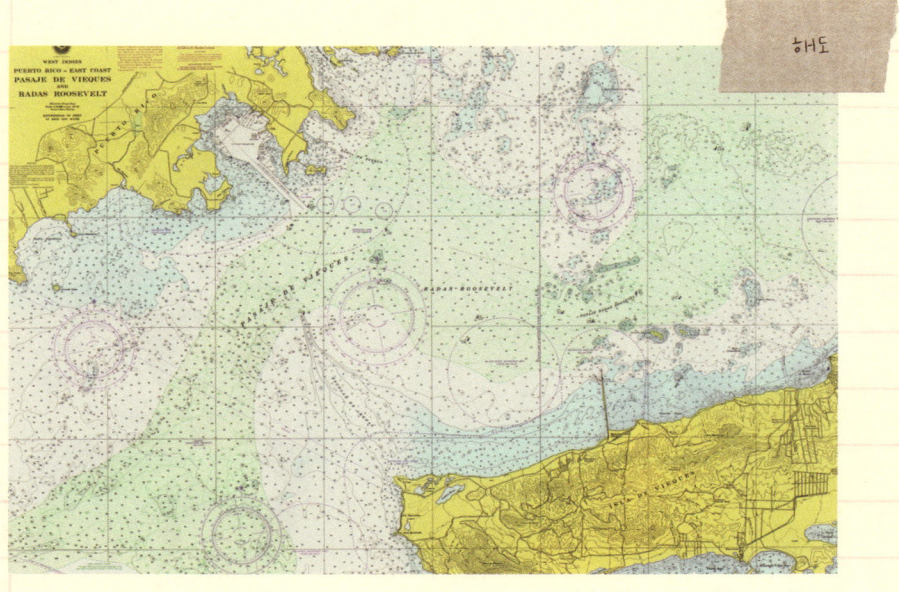

해도

이렇게 딱딱하고 튼튼한 땅이 변하고 있다고요?

이것만 알아도
지리 끝

지구의 모습은 계속 변하고 있어요. 마치 살아 움직이는 것 같지요. 지구는 46~50억 년 전에 만들어졌대요. 그 뒤 지진과 화산 폭발 등으로 지구의 모습을 계속 변해왔지요. 바닷물 속에 있던 땅이 치솟아 육지가 되기도 하고 높은 산이 바다 밑으로 가라앉기도 했어요.

지구의 대륙(아시아, 아메리카, 오세아니아, 유라시아, 호주 등의 대륙)들이 처음에는 한 덩어리로 붙어 있었다고 해요. 이 거대한 대륙을 판게아라고 해요. 판게아는 아주아주 오랜 시간이 지나면서 여러 조각으로 찢어졌어요. 대륙들은 서로 갈라지고 점점 멀어져서 지금의 모습이 되었지요. 이것을 '대륙이동설'이라고 해요. 거대한 대륙들이 움직였다니, 믿기 힘들지요? 대륙이동설의 증거로는 세계 지도에서 각 대륙을 잘라

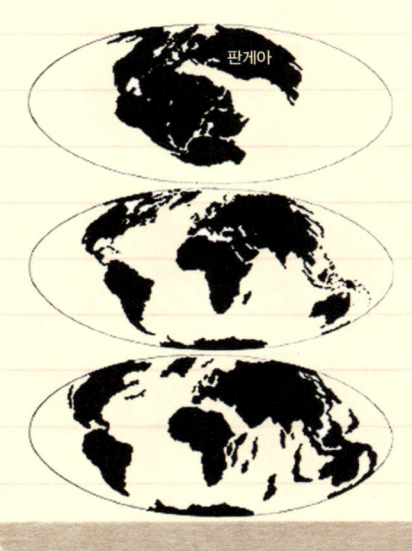

판게아

대륙이동설

서 붙여 보면 서로 잘 맞춰진다는 거예요. 남아메리카 동쪽의 해안선과 아프리카의 서쪽 해안선이 잘 겹쳐지지요. 또 남아메리카 대륙과 멀리 아프리카 대륙에서 같은 식물의 화석이 발견되는 것도 대륙이동설의 증거예요. 서로 전혀 다른 환경인데도 같은 식물의 화석이 발견되는 것은 원래 이 대륙들이 하나로 붙어 있었다는 증거라는 것이죠.

지형을 바꾸는 것은 무엇일까요?

이것만 알아도 지리 끝

❶ 땅속의 힘이 지구의 모습을 바꾸고 있어요. 땅속에서 양쪽으로 땅을 밀면, 땅이 치솟아 산이 되기도 하지요. 지진이 땅을 갈라놓기도 해요. 화산이 폭발하며 높은 산을 만들기도 하지요.

❷ 땅 위에서도 지형을 바꾸는 힘이 있어요. 바람과 물이 침식, 운반 퇴적 작용을 하며 지형을 바꾸고, 햇빛이 물을 증발시키고 바위를 부수기도 하지요. 거대한 빙하가 움직이면 산과 흙이 깎이기도 하고요.

사람이 바꾼 지구의 모습, 시화호

| 1977년 10월 6일 시화호 | 2005년 시화호 |

❸ 작게는 사람도 지구의 모습을 바꾸고 있어요. 바닷물을 막아서 땅을 만들고 강물을 막아서 호수를 만들기도 하지요. 숲을 개간해서 농지로 바꾸기도 하고요.

도시의 특징은 무엇일까요?

이것만 알아도 **지리 끝**

도시는 사람이 많아서 인구밀도가 높아요. 도시 사람들이 하는 일의 종류도 다양하지요. 주로 2차, 3차 산업(상업이나 서비스업, 공업)의 일을 해요. 교통의 중심지이고 각종 문화 행사와 영화관, 극장 등의 문화시설이 모여 있어요. 또 관청이 모여 있는 행정의 중심지 역할을 하지요. 그래서 공항을 이용하거나 백화점을 간다거나 영화를 보거나 국가기관에 일을 보러 가기 위해서는 도시로 와야 해요.

도시는 생활에 편리함도 주지만, 다양한 '도시문제'도 가지고 있어요. 집이 부족하고 일자리도 부족해요. 사람들이 타는 차들이 많아지면서 교통이 혼잡해지고 공기도 많이 나빠지고 있어요. 또 범죄도 늘어나지요.

도시는 자연환경을 개발해서 인공적인 모습이 더 많아요. 산이나 하천, 평야의 모습은 별로 없고 사람이 지은 건물들과 도로가 자리 잡고 있지요. 그래서 농촌, 어촌, 산촌보다 자연환경의 영향을 조금 받아요.